Liz Mac Tea

Baciarmi non vale

Blueberry Edizioni,
La Nuova Casa del Romance

Sono solo una semplice ragazza che sta di fronte a un ragazzo e gli sta chiedendo di amarla...

Notting Hill

1. Clementine

Sono nella mia vecchia stanza che si affaccia sul parco, mi soffermo per qualche istante a osservare le nubi grigiastre che sembrano ormai non aver intenzione di spostarsi dalla capitale inglese.

Sul tappeto il trolley ancora aperto: devo darmi una mossa a preparare la valigia se non voglio arrivare in ritardo all'aeroporto.

Mi piace tornare a casa per le vacanze, qui ho tutto: la mia famiglia, i miei affetti più cari, le amiche con le quali sono cresciuta, tutto.

Queste festività sono passate in un battibaleno, mi sono rilassata guardando alcune serie tv, ho fatto shopping, sono stata a qualche festa e poi tutta la famiglia è stata piacevolmente spiazzata da mio fratello Robert che, oltre ad aver finalmente messo la testa a posto, sembra aver trovato pure l'amore.

Infilo alcuni vestiti nella valigia e con un po' di fatica scendo le scale con il mio pesante e ingombrante trolley.

«Oh tesoro, quanto vorrei che tu e Robert foste ancora quei deliziosi bambini che combinavano le loro marachelle per casa... invece devo capire che siete cresciuti, tu sei una donna e Rob addirittura sembra aver trovato la ragazza giusta per lui», esclama mia mamma stringendomi in un abbraccio.

«Dai mamma, non puoi fare così, ancora qualche materia da studiare, e poi lo sai che tornerò a Londra. Riguardo a Robert invece dovremmo tutti fare i salti di gioia; Anita oltre a essere una scrupolosa professionista sembra proprio innamorata! Adesso vado, Robert mi sta aspettando. Dai un bacio a papà».

Mi stringo nel cappotto ed esco trascinando il trolley con un po' di fatica.

Mi avvicino alla Lexus di mio fratello, a quanto vedo sembra piuttosto preso a baciare con trasporto la sua fidanzata.

Un po' in imbarazzo apro la portiera.

«Scusate, ma qualcuno dovrebbe darmi una mano con questa», dichiaro indicando la sorta di baule che sono riuscita a trascinare fino all'auto di Rob.

Mio fratello scende immediatamente per sistemare il mio ingombrante trolley.

«Allora, ti accompagno all'aeroporto? Sei ancora intenzionata a tornare al gelo della Scozia? Potresti sempre decidere di modificare i tuoi piani e, che so, andartene in qualche isola», propone lui sorridendo.

«Quasi quasi seguo il tuo suggerimento e chiedo al pilota di invertire la rotta e portarmi al mare!»

Poi ridendo aggiungo:

«Ora che sei un uomo affidabile e di tutto rispetto non voglio cominciare io a far stare in pensiero mamma e papà».

Anita si volta a guardarmi e sorridendo precisa:

«Sull'affidabile ci stiamo ancora lavorando...»

La radio passa alcune canzoni del momento, Robert guida attento accarezzando di tanto in tanto la coscia della sua ragazza e lei gli rivolge sguardi sognanti.

Le strade sono piuttosto congestionate dal traffico, sta pure cominciando a piovere.

Rob attira la mia attenzione:

«Mi raccomando con i ragazzi, vogliono solo divertirsi».

Si immette nell'altra carreggiata e aggiunge:

«Piuttosto ti vedi sempre con quel Trevor?»

Prima che io possa rispondere Anita lo ammonisce:

«Clemmy mi sembra una ragazza molto giudiziosa e affidabile, non penso proprio che tu abbia ragioni per preoccuparti».

«Robert, sentire queste cose da te onestamente mi suona un po' strano, proprio tu che ai tempi dell'università ne combinavi una dietro l'altra», preciso io.

Poi ridendo aggiungo:

«Ti serviva proprio l'amore per mettere la testa a posto».

Anita arrossendo, un po' in imbarazzo, guarda mio fratello sorridendo.

«Non potevo di certo farmi scappare la personal organizer più puntigliosa e rompipalle del paese! Deve darmi una mano a mantenere la casa in ordine com'è adesso, anche perché, ti garantisco che non potrei resistere a un'altra sessione di *decluttering*», afferma mio fratello approfittando della sosta al semaforo per voltarsi a guardarmi e per baciare ancora la sua ragazza.

Robert ferma la macchina nei pressi dell'ingresso del London City Airport.

«A quanto pare siamo arrivati...»

«Sai, mi dispiace sempre vedere la mia dolce sorellina tornare a Stirling, preferisco di gran lunga saperti a Londra piuttosto che alle feste organizzate dagli studenti delle confraternite studentesche dove i ragazzi sono tutti mezzi ubriachi».

Anita e io ci guardiamo.

«Eh no, adesso non ricominciare con questa storia!»

«Appoggio in pieno quanto ha detto tua sorella e poi Clemmy, a differenza di qualcun altro, non mi sembra affatto il genere di ragazza che potrebbe fare delle sciocchezze», puntualizza Anita.

«Penso di non avere alcun diritto di replica!», esclama mio fratello alzando le mani in segno di resa.

«Mi raccomando però, non farmi stare in pensiero...», precisa ancora Rob.

«Non starlo ad ascoltare, se fosse per lui vorrebbe che tu restassi una bambina che gioca ancora per casa. Su adesso vai, questo aeroporto è sempre molto caotico», conclude mia cognata.

Robert e Anita mi danno una mano col trolley e dopo avermi stretta in un abbraccio mi incammino per lo scalo londinese.

***

Sono seduta sul jet privato della Danton, avrei preferito prendere un normale volo di linea ma mio padre ha insistito per farmi viaggiare, come dice lui, "comoda".

Prendo gli auricolari e passando in rassegna le mie hit preferite devo essermi addormentata.

Quando mi sveglio l'aereo sta già cominciando lentamente a scendere, mi stringo nel morbido golfino in cachemire e mentalmente inizio a ripassare la lezione della signorina Cretchels.

L'areo tocca la pista di atterraggio, fuori tanto per cambiare sta piovendo, forse avrei dovuto seguire quanto mi aveva suggerito poco fa Robert: far invertire la rotta e andare al mare.

Ringrazio il pilota e mi incammino a ritirare la valigia, il mio appartamento e il gelo di Stirling mi stanno aspettando.

Appena uscita dallo scalo scozzese di Edimburgo, una ventata a dir poco gelida mi dà il benvenuto. Devo ammettere che qua le temperature sono notevolmente più basse rispetto a Londra.

Appena vedo un taxi mi avvicino a fatica con il mio voluminoso trolley rosa shocking.

«Buongiorno, dovrei andare a Stirling...», dichiaro infilandomi in macchina.

L'uomo mi dà una mano con la valigia e azzerando il tassametro mi domanda:

«Sta tornando dalle vacanze? In questi giorni sono parecchi i giovani che fanno rientro ai corsi...»

«Sì, ha indovinato», taglio corto io prendendo lo smartphone dalla mia *Hermès*.

Vedo alcuni messaggi di Kim, la mia più fidata amica da quando ho iniziato a studiare qui in Scozia, la quale mi aggiorna dei suoi nuovi sviluppi sentimentali, altri dei negozi nei quali sono solita fare shopping per propormi vantaggiosi sconti riservati alla sottoscritta per l'inizio dei saldi e poi... eccolo di nuovo.

Il solito numero, quello stesso numero che da qualche tempo continua a mandarmi strani messaggi.

Senza neppure leggerlo decido di cestinarlo.

Se non gli do spago smetterà di divertirsi in questo stupido modo, mi dico guardando il paesaggio circostante.

Il taxi procede lentamente a causa del ghiaccio sulla via principale, poi prende la tranquilla strada a un'unica corsia che porta al mio appartamento.

Si ferma, l'uomo cortesemente mi aiuta col trolley, portandomelo fino alla porta del piccolo palazzo in stile vittoriano.

«Grazie, tenga pure il resto».

«Grazie a lei signorina, le auguro un piacevole rientro all'Ateneo. Buona giornata!»

«Grazie», mi limito a replicare aprendo la pesante porta a battenti.

A fatica riesco a portare in casa la valigia che decido di non disfare, il programma del pomeriggio è farmi una doccia e poi rilassarmi in pigiama sul divano guardando una di quelle nuove serie tv assaporando un infuso al sambuco insieme a degli ipercalorici cookies al cacao.

***

Non riesco neppure a mettere il filtro nella mia simpatica mug che il cellulare inizia subito a suonare.

Dall'altro capo del telefono la voce squillante della mia amica esclama:

«Cominciavo a pensare che te ne volessi restare a Londra! Piuttosto tuo fratello ha letteralmente mandato in frantumi il cuore dell'intera popolazione di sesso femminile del paese! Diverse riviste mostrano le foto di Robert con quella che viene definita la sua fidanzata... dicono che sia una bravissima personal organizer e che gli abbia rapito il cuore!»

Fa una piccola pausa e aggiunge:

«Dimmi che questa ragazza è solo l'ennesima conquista di tuo fratello e che, probabilmente, si sarà già scordato come si chiama...»

Mi metto a ridere, spesso mi dimentico che Kim è una delle sue tante ammiratrici.

«Mi dispiace tesoro, ma Robert sembra proprio innamorato e poi Anita è davvero deliziosa, penso che sarebbe simpatica pure a te!»

Dall'altro lato del telefono sento un sospiro.

«Cavolo, immagino che adesso dovrò necessariamente cacciarlo dai miei pensieri anche se non sarà semplice dimenticare quegli incantevoli occhi verdi, quegli addominali, e quelle labbra che...»

«Stop, stop! Non ho intenzione di ascoltare le tue fantasie erotiche, stiamo sempre parlando di mio fratello; piuttosto come sono state le tue vacanze?», provo a chiederle.

«Niente di che, le solite cose… tu invece? Hai conosciuto qualcuno di interessante?»

«Mi dispiace Kim, ho trascorso delle vacanze all'insegna della famiglia e del relax, solo un paio di eventi ai quali ho dovuto prendere parte in quanto facente parte della famiglia Danton ma, ti assicuro, ne avrei fatto volentieri a meno».

Dall'altro lato del telefono sento un tramestio.

«Devo scappare, qualcuno sta suonando alla porta, dev'essere il corriere. Allora tesoro ci vediamo direttamente a lezione di letteratura inglese e poi, ho già in mente dove portarti!», esclama ridendo.

«Ti avviso che avrei anche intenzione di studiare», ci tengo io a puntualizzare.

«Ho capito l'antifona, sei sempre la solita. Buona serata, Clemmy».

Vado in cucina a prepararmi il mio infuso e poi mi acciambello sul divano in compagnia dei miei deliziosi cookies al cacao e di una simpatica serie tv.

***

Devo essermi appisolata, quando mi sveglio sulla tv scorrono i titoli di coda.

Prendo il cellulare e vado in camera. Entro nel mio letto e faccio per impostare la sveglia quando noto un messaggio, l'ennesimo messaggio.

Vorrei cestinarlo senza neppure leggerlo ma invece mi ritrovo a leggere:

"Ti sei divertita nelle vacanze? Immagino che sia divertente andare alle feste più esclusive di Kensington...

Ah, quasi dimenticavo, eri incantevole con quell'abitino verde..."

Per un istante avverto una sensazione di paura, come fa a sapere queste cose? A differenza di mio fratello, le mie abitudini sono generalmente considerate dai giornalisti delle riviste di gossip troppo noiose per aggiudicarmi la copertina di qualche giornale, quindi deve avermi seguita.

Ricorrendo alle tecniche di rilassamento imparate al corso di yoga provo a ritrovare la tranquillità e a riflettere: magari ho solo fatto correre un po' troppo la fantasia creando dei film assurdi.

Probabilmente si tratta solo di uno stupido che avrà visto le foto della festa sul mio profilo Instagram e nient'altro, mi ripeto tornando a letto.

Con difficoltà riesco ad addormentarmi.

2. Liam

Il suono del cellulare mi sveglia, allungo la mano ancora mezzo assonnato e lo afferro dal comodino.

«Darren, spero di non averti buttato giù dal letto...»

Riconosco subito il mio interlocutore.

«Sono alzato da un pezzo», mento io al mio capo.

«Dovresti passare dagli studi della Chainson & Co., stamattina l'addetta alle pulizie ha trovato gli uffici sottosopra e dei balordi intenti alla fuga. Hanno fatto in tempo a prelevare qualche dispositivo elettronico, PC e quant'altro e se la sono svignata. I ladri hanno rubato anche alcuni hard disk. Puoi parlare con la donna ma, a quanto sembra, non pare ricordare granché. Ho già mandato Cooper ma vorrei che anche tu ci facessi un salto».

Alzandomi, mi infilo i jeans che sono ancora distesi sul pavimento.

«Considerami già lì».

«Ehi ma che fai, te ne vai?», mi chiede con voce sensuale la ragazza ancora nuda nel mio letto.

«Mi dispiace, ma devo andare... tu fai con calma, quando esci puoi tranquillamente lasciare le chiavi del mio appartamento al portiere».

La giovane, Vivian mi pare abbia detto di chiamarsi anche se forse ieri ero troppo ubriaco per ricordarmelo, si alza cingendomi i fianchi.

«Quando pensi che potremmo rivederci?», mi domanda.

Mi volto appena.

«Scusa ma devo scappare. Scrivimi il tuo numero, ti richiamo io», concludo mettendomi il giaccone.

Prendo la fondina, la mia Colt e mi chiudo la porta alle spalle sapendo già che non la richiamerò, una delle mie regole è: mai rivedere una donna con la quale ti sei divertito, mai!

***

Fermo la macchina nei pressi del Tamigi e mi incammino per il London Bridge. Mi soffermo un istante a osservare un vaporetto e una Londra stranamente tranquilla.

Sento un tuono in lontananza come a richiamarmi ai miei impegni.

Quando entro nell'elegante e moderno palazzo della Chainson & Co. noto subito un certo viavai.

Mi avvicino alla guardia.

«Detective Darren, devo raggiungere i miei uomini».

«Certo Detective, vada pure».

Prendo l'ascensore e giungo al piano attico del palazzo.

Scorgo subito Cooper intento a parlottare con colui che immagino essere uno dei soci di questo lussuoso studio di designers.

«Buongiorno, sono il detective Darren», mi presento porgendo la mano al mio interlocutore: un uomo sulla quarantina, vestito di tutto punto che, dal modo in cui gesticola, sembra essere piuttosto nervoso.

«Chainson Garren, piacere mio. Detective mi scusi ma adesso devo proprio andare, il mio jet mi sta aspettando sulla pista di Heathrow... ho già risposto a tutte le domande», si limita a dire prendendo dalla giacca il cellulare.

Mi volto.

«Allora Cooper, avete trovato segni di scasso? Nell'intero edificio è installato un preciso sistema di allarme con riconoscimento digitale delle impronte, non riesco proprio a capire come siano potuti entrare».

«Sembrerebbe che siano passati dal condotto del riscaldamento».

Mi guardo intorno, questa faccenda non mi convince.

Salgo su una sedia e tolgo il pannello che chiude il condotto dal quale dovrebbero essere passati per intrufolarsi negli studi della Chainson & Co., anche se a mio avviso è decisamente stretto per un uomo adulto.

«Cooper hai già guardato le registrazioni video?»

«Certo, sembrerebbe che siano riusciti a manomettere l'intero sistema, le registrazioni sono rimaste bloccate per tutto il lasso di tempo in cui si sono introdotti negli studi. Decisamente astuti...»

Diversi impiegati stanno cominciando a gironzolare qua e là, io mi soffermo a prendere ugualmente le registrazioni.

Chiedo poi al portiere di accompagnarmi nel garage e di poter così verificare se il condotto del riscaldamento possa essere stato realmente la via utilizzata dai nostri soggetti per entrare nel palazzo.

Si preannuncia una noiosa mattinata.

3. Clementine

Sto uscendo per andare a lezione, appena apro la porta a battenti del mio palazzo una ventata a dir poco gelida mi punge le guance.

Mi chiedo quando questa ondata di gelo proveniente dal nord deciderà di spostarsi altrove.

Percorro la strada che conduce al Campus e proprio nei pressi del dipartimento di letteratura inglese vedo la mia amica Kim.

«Ehi, sono davvero contenta di vederti!», esclama stringendomi in un abbraccio.

«Lo sono anch'io», convengo.

Entriamo nell'edificio recentemente rimodernato tra la calca di studenti che si apprestano a riprendere il solito tran-tran.

«Allora, cosa mi racconti delle tue vacanze londinesi?»

«Niente di che, le solite cose: la famiglia, le amiche di sempre, qualche evento al quale mi hanno praticamente costretta ad andare. E tu invece?», provo a chiedere.

«Nulla di tanto entusiasmante, nessun party, solo tanto cibo ipercalorico e ricco di grassi che probabilmente si sarà già accumulato sulle mie chiappe!», risponde lei facendomi ridere.

Entriamo nell'aula e andiamo a sederci tra il chiacchiericcio degli studenti in sottofondo.

«Ehi, Trevor e i suoi amici sono appena entrati e... oh, oh, sembra proprio che stia guardando da questa parte anzi oserei dire che sta fissando con insistenza la nostra deliziosa signorina Danton!», esclama eccitata la mia amica.

«Kim, lo sai anche tu che tra noi due le cose non funzionavano».

La mia fidata amica mi guarda come se stessi dicendo cose prive di senso.

«A mio avviso dovresti riprendere in considerazione il sexy capitano della squadra di hockey, se non sbaglio Trevor ti aveva anche chiesto di rivedervi...»

La guardo di sottecchi.

«Come devo dirtelo che non mi interessa? Trevor e io non siamo adatti a stare insieme, e probabilmente non sono neppure mai stata davvero innamorata di lui».

Il professor Quindick apre la porta.

«Buongiorno ragazzi, spero che abbiate trascorso delle rilassanti vacanze, prendete la penna che iniziamo la nostra appassionante lezione su uno dei maestri della poesia romantica inglese: William Wordsworth».

Kim mi guarda e avvicinandosi mi sussurra:

«Riprenderemo dopo... posso solo dirti che mi sembri pazza: l'intera Scozia anzi, che dico, tutta la popolazione di sesso femminile farebbe a pugni per uscire con Trevor!»

Mi metto a ridere.

«Adesso ascolta la lezione!», la rimprovero io.

Per tutta la lezione ho difficoltà a prestare attenzione al signor Quindick, continuo a ripensare a quell'assurdo messaggio. Mi ripeto che probabilmente è solo uno stupido che si sta divertendo in questo sciocco modo, ma una parte di me invece si sente osservata anche adesso.

Stiamo uscendo dal dipartimento di letteratura inglese, fuori sta anche cominciando a piovere.

«Allora, pranziamo insieme? Nel pomeriggio, considerato il tempo, potremmo andare da te per studiare e poi potremmo guardarci una serie tv con tanto di cioccolata e cupcakes! Non puoi capire la rottura di dover dividere l'appartamento con una maniaca del sesso che trascorre tutta la giornata chiusa in camera sempre con un ragazzo differente e un'aspirante arpista!»

Sorrido.

«Vada per il pranzo e il pomeriggio di studio e relax».

Ci incamminiamo alla caffetteria dove siamo solite pranzare, quando entriamo noto subito Trevor con alcuni suoi amici.

Andiamo a sederci a un tavolino un po' in disparte con i nostri piatti.

«Allora, se non erro Trevor ti sta guardando no, anzi, si è appena alzato e... sta venendo proprio al nostro tavolo», mi informa Kim entusiasta.

«Ehi Kim, Clemmy... come state? Le vacanze?», ci domanda senza spostare lo sguardo dal mio viso.

«Le solite cose, sai Winchester non offre molto», risponde la mia amica.

Poi alzandosi aggiunge:

«Scusate ma vado a prendere qualche dolcetto al cocco, come sapete sono golosa e non so di certo dire di no a quei deliziosi mignon con granella di zucchero e cioccolato!»

La guardo in cagnesco, so che questa è solo una pessima scusa per farmi stare da sola con lui.

Sembra un po' in imbarazzo, anche prima delle vacanze mi aveva chiesto di rivederci.

«Immagino che ti sarai divertita a Londra per le vacanze...»

I miei occhi incontrano i suoi, poi gli rispondo:

«Le solite cose: famiglia, amici e qualche festa... e tu invece? So che la tua squadra sta andando alla grande».

Mi guarda, poi si passa in modo nervoso la mano sul viso.

«Siamo soddisfatti, potremmo anche aggiudicarci il campionato ma... non volevo parlare di questo».

Fa una piccola pausa e poi riprende a dire:

«Clemmy, è inutile girarci intorno, per me non potrai mai essere solo un'amica, sono ancora innamorato di te».

Fa per avvicinarsi ma io lo fermo.

«Mi dispiace Trevor, tu potresti avere qualsiasi ragazza del Campus e io non ho intenzione di prenderti in giro. Tu mi piaci, lo sai, ma non nel modo che vorresti tu, insieme ci divertiamo ma no, non sono più innamorata di te».

Lo guardo, lui solleva quegli occhi azzurri e si sofferma a fissarmi.

«Ho sempre saputo che non eri come le altre ed è proprio per questo che mi sono innamorato di te, Clementine».

Poi mi attira a sé per abbracciarmi.

«Amici», gli sussurro piano. Sollevo lo sguardo per trovare i suoi occhi.

Sospira.

«Amici», conferma a malincuore.

Kim alle nostre spalle esclama:

«Mi dispiace interrompervi...»

Trevor mi dà un lieve bacio sulla guancia:

«Tranquilla, stavo proprio per andare. Buona giornata, ragazze!»

Lo guardo allontanarsi.

«Mi ha appena detto di essere ancora innamorato e io invece gli ho risposto che lo vedo solo come un amico», ammetto portandomi alle labbra il mio mega cappuccino.

«Cosa? Tu mia cara sei proprio matta! Stiamo parlando di Trevor Olser il capitano della squadra di hockey, sorriso sensuale, sguardo profondo che ti stordisce, addominali per i quali potrei impazzire e tu cosa fai? Gli dici che per te è solo un semplice amico! Tu sei pazza, completamente pazza», ripete la mia amica addentando uno di quei suoi dolcetti ad alto contenuto glicemico.

Restiamo ancora un po' nell'intima e familiare caffetteria poi, dopo aver ascoltato la sua ennesima ramanzina, ci incamminiamo per il vialetto battuto dal vento che dall'Università porta al mio appartamento.

***

Siamo sul portone del piccolo palazzo vittoriano proprio nei pressi del castello.

Nella nuova *Hermès* che mi hanno regalato i miei genitori per Natale riesco, con qualche difficoltà, a trovare le chiavi, apro la pesante porta a battenti e saliamo le scale.

«Accidenti non potevano mettere un ascensore in questo palazzo?», borbotta Kim.

Sto per aprire la porta del mio appartamento quando noto che è socchiusa, probabilmente mi ero scordata di chiuderla a chiave e una ventata deve averla aperta.

Entriamo, ci togliamo le scarpe e i pesanti piumini. Kim accende la tv e inizia a scorrere le varie serie tv disponibili; io intanto vado in cucina per preparare le nostre cioccolate.

Le verso con meticolosità nelle simpatiche mug di *Cath Kidston* comprate qualche anno fa nel nuovo store di Piccadilly, aggiungo qualche marshmallow, prendo la scatola in latta con i nostri cookies preferiti e porto tutto in salotto.

«Vado a mettermi qualcosa di comodo, questi jeans dopo le feste iniziano a stringermi un po'...»

Entro in camera e prendo dal comò un pigiama con dei simpatici teddy bear che utilizzo sempre come outfit da casa. Mi sto vestendo quando noto un biglietto attaccato all'armadio.

Avverto subito una sensazione di panico, so di certo di non essere stata io a mettere lì quel foglietto.

Con le gambe tremanti mi avvicino:

"Bentornata Clementine, non puoi immaginare quanto desideri sfiorarti, respirare l'odore del tuo shampoo alla vaniglia e stringerti..."

Sento il cuore che comincia ad accelerare, avverto una sensazione di panico, lascio cadere sul tappeto quello stupido foglietto stropicciato e mi incammino in salotto.

«Allora cosa guardiamo? Una divertente serie tv americana appena uscita oppure ci riguardiamo le prime stagioni di *Grey's Anatomy*?», mi chiede Kim addentando l'ennesimo dolcetto al cacao.

Solleva lo sguardo dal telecomando della tv e appena incontra il mio sguardo mi domanda seria:

«Tutto a posto? Hai un coloraccio».

Mi avvicino e mi siedo sul divano.

«Kim, qualcuno è entrato in casa e mi ha scritto un biglietto, dobbiamo andare alla polizia».

La mia amica mi guarda.

«Ma che stai farneticando? Era tutto in ordine non è plausibile che qualcuno sia entrato in casa!»

La prendo per mano.

«Su, vieni a vedere tu stessa», la incalzo io.

Entriamo in camera e le mostro quell'assurdo biglietto, Kim se lo rigira tra le mani, poi solleva lo sguardo.

«Non possiamo restare qua, mettiti qualcosa e andiamo a casa mia».

Prendo un jeans e un maglione e me li infilo in fretta e furia. Metto alla rinfusa nella Birkin un cambio insieme allo spazzolino da denti.

Siamo sulla porta quando il mio cellulare mi avverte che ho un messaggio da leggere.

Prendo lo smartphone, è ancora lo stesso numero.

Guardo Kim.

«È lui!»

«Su, avanti, leggiamo cosa vuole questo pazzo!»

Il cuore batte come un matto, non riesco a capire cosa cavolo voglia.

"Davvero un appartamento delizioso e... un consiglio... non andare dalla polizia, Clemmy."

Kim e io ci guardiamo.

«Non puoi restare qua, quello è una sorta di stalker e per di più è anche entrato in casa tua, dobbiamo parlare con la polizia. Su, chiamiamo un taxi che sta pure ricominciando a piovere».

«No, ferma! Telefoniamo direttamente a Robert».

Dopo svariati squilli ecco la voce rassicurante di mio fratello dall'altro capo del telefono:

«Ehi, senti già nostalgia della famiglia?», domanda lui ridendo.

«Rob, sono nei guai!»

4. Liam

Sono ancora negli studi della Chainson & Co. quando sento squillare di nuovo il mio cellulare.

«Capo, sto ancora riguardando alcune cose...», dichiaro io soffermandomi ad ammirare il Tamigi dall'alto edificio della City.

«Darren mi servi altrove, Cooper può tranquillamente gestire tutto da solo. Passa dal mio ufficio». Non mi permette di replicare che ha già riattaccato.

Proprio adesso che la situazione cominciava a farsi interessante, sono quasi certo che l'affidabile rampollo della Chainson & Co. non sia poi tanto "affidabile" come vuol fare credere.

Mi avvicino a Cooper.

«Mi ha chiamato adesso il capo, devo raggiungerlo nel suo ufficio. Mi raccomando prova a mettere alle strette il nostro caro designer, non penso che ci abbia detto tutto. Ha stipulato non molto tempo fa una costosa assicurazione che copre anche furti di materiale digitale di rilievo», preciso io afferrando la giacca.

«Tranquillo Liam, se pensa di farcela sotto al naso si sbaglia».

Esco dall'elegante palazzo e una ventata gelida mi punge il viso, mi chiedo cosa voglia il capo.

Mi immetto nelle strade adesso trafficate della City, accendo la radio e aprendo il vano portaoggetti vedo il mio vecchio pacchetto di sigarette. Sarei tentato di accendermene una ma non voglio rovinare tutto il mio impegno, è quasi un anno che resisto alla tentazione di farlo.

Dopo quasi mezz'ora riesco a entrare nella piccola centrale nei pressi di Covent Garden.

«Capo, le strade sono impraticabili... eccomi, sono tutto orecchie».

Il commissario Richsalton mi scruta da dietro le spesse lenti degli occhiali.

«Darren, la figlia di un mio caro amico è nei guai, ho bisogno di te».

5. Clementine

Sono seduta sul divano del piccolo appartamento di Kim con quello strano foglietto tra le mani; appena ho riferito a Robert questa assurda storia, lui è salito prontamente sul nostro jet per venirmi a prendere.

Sto sorseggiando un infuso rilassante che mi ha preparato la mia amica quando sentiamo suonare il campanello.

«Dev'essere mio fratello», sostengo guardandola.

«Sono presentabile?», mi chiede lei sistemandosi la scollatura della maglietta.

Sorrido, trovo sempre strano che qualcuno possa avere una cotta per Rob, io non riesco proprio a scorgere in lui quel fascino da latin lover che fa perdere la testa alle donne.

«Tranquilla, sei meravigliosa anche se, ti ripeto, adesso Robert è fidanzato», puntualizzo.

Sento del tramestio sul pianerottolo seguito dalla voce di mio fratello.

«Ciao, sono Robert, se non sbaglio tu devi essere Kim, l'amica di Clemmy».

Dal salotto vedo la mia amica visibilmente emozionata stringergli la mano.

«Vieni, tua sorella è di là che ti sta aspettando», lo invita lei sorridendo.

Appena mi vede Robert viene ad abbracciarmi sollevandomi dal comodo divano.

«Non puoi immaginare quanto mi hai fatto stare in ansia, adesso ti riporto a casa».

Restiamo ancora qualche istante da Kim, racconto in maniera più dettagliata a mio fratello degli strani messaggi che ho iniziato a ricevere qualche tempo addietro e ai quali non avevo dato peso fino al foglietto che qualcuno ha messo nella mia stanza.

Dopo aver abbracciato la mia amica, lo seguo in auto.

«Allora, cos'hai intenzione di fare? Per me stai esagerando a volermi riportare a Londra, potevo restare qualche giorno da Kim e vedere...», provo a suggerire osservando la strada che porta all'imboccatura della M9.

«Cosa volevi vedere, Clemmy? Che al prossimo messaggio non si limitasse a entrare nel tuo appartamento ma che ti mettesse le mani addosso? Il mondo è pieno di pazzi».

«Fai come ti pare, ma ti avviso, non ho intenzione di starmene segregata in casa attorniata da degli inutili scagnozzi della security», provo a obiettare.

Si volta appena e, posando la mano sulla mia guancia, esclama:

«Voglio solo saperti al sicuro, nient'altro Clemmy».

***

Per quasi tutto il volo dallo scalo scozzese all'aeroporto di Londra devo aver dormito. Quando mio fratello mi sveglia l'aereo è già atterrato sulla pista del London City Airport.

«Allora, adesso ci fermiamo al Danton di Piccadilly, ho già contattato il commissario Richsalton, un vecchio amico di papà».

Prendendo il mio trolley aggiunge:

«Non ho detto nulla né alla mamma né, soprattutto, a nostro padre... il cardiologo gli ha suggerito di stare tranquillo lontano da fonti di stress».

Inizio a pensare che non avrei dovuto chiamare Robert, dovevo semplicemente restare da Kim e magari, per maggiore sicurezza, far cambiare la serratura alla porta del mio appartamento. E invece eccomi qui, di nuovo a casa, senza contare che in questo modo dovrò saltare diverse lezioni!

Procediamo in modo piuttosto scorrevole, Robert guida con attenzione, di tanto in tanto mi parla di Anita oppure riprende a farmi domande su ipotetici stalker che avrei potuto conoscere all'Ateneo.

Quando ferma la sua amata Lexus e ci incamminiamo sulle scale del Danton di Piccadilly, una ventata gelida, mista a una pioggerellina fine, mi punge le guance.

Passiamo per la vasta e lussuosa sala dove riecheggiano i nostri passi, e prendiamo l'ascensore.

«Allora, mi vuoi dire cos'hai intenzione di fare? Sai, si direbbe che tutto questo mi riguardi abbastanza», provo a dire.

«Tranquilla, il commissario Richsalton mi ha assicurato che avrebbe mandato uno dei suoi uomini migliori», replica lui aprendo la porta a battenti del suo studio.

Seduto all'imponente scrivania di mio fratello, ad aspettarci, vedo quello che immagino sia il nostro detective.

Robert gli stringe la mano e inizia subito a fare una sintesi di quanto è accaduto a Stirling al mio rientro dalle vacanze.

«Allora signorina Danton, da quanto mi ha appena raccontato suo fratello è da qualche tempo che riceve strani messaggi ma fino a ieri nessun tipo di minaccia».

«Proprio così», mi limito a replicare al giovane vicecommissario.

Lo osservo annotare su di un taccuino quello che gli abbiamo appena detto. Avrà poco più di trent'anni, alto, spalle larghe, ha l'aspetto del classico quarterback o in alternativa ricorda vagamente il sexy attore di *Fight Club*. Occhi verdi, capelli castani, lievemente abbronzato e una cicatrice che dal sopracciglio scende lievemente lungo lo zigomo.

Devo ammettere che se è proprio lui a dovermi proteggere da un possibile psicopatico non posso di certo lamentarmi, penso tra me.

«Potreste mostrarmi il foglietto che la signorina ha rinvenuto nella sua abitazione? Lo utilizzeremo per ricavarne delle impronte digitali sulle quali lavorare ma vi avviso, qualora si trattasse di un incensurato non ci servirà a molto».

Il detective Darren lo osserva e lo ripone in un sacchettino trasparente.

«Come suggerisce di comportarci? Pensa che possa rientrare in Scozia e riprendere la mia normale quotidianità? Credo proprio che mio fratello abbia esagerato un tantino con tutta questa storia», tento di suggerire.

Robert si volta.

«Tornare in Scozia, al momento, non se ne parla affatto!»

«Intanto metteremo sotto controllo il telefono della signorina Danton e per maggiore sicurezza, come suggerito dal commissario Richsalton, per qualche tempo la seguirò».

Spazientita esclamo:

«Detective capisco che questo sia il suo lavoro ma onestamente non ho intenzione di avere la scorta».

Tutti mi guardano.

«Clemmy, smettila di fare la ragazzina capricciosa e seguiamo quanto ci ha appena suggerito il vicecommissario».

Il mio cellulare inizia a squillare.

«È Kim, posso almeno andare a rispondere alla mia amica o devo chiedere il permesso?»

Mi alzo e chiudendomi la porta alle spalle mi incammino alle toelette.

«Il tuo alquanto sexy fratello ti ha già riportato a casa?», sento dall'altro capo del telefono.

«Kim, sì, sono al Danton di Piccadilly e Robert sta facendo di tutto per farmi impazzire! Mi vuole fare seguire anche al bagno da un investigatore».

Sento la mia amica ridere.

«Spero per te che sia affascinante e sexy... magari potreste innamorarvi proprio come in quel film con Kevin Costner!»

«Per favore, sono sull'orlo di una crisi isterica! Voglio semplicemente tornare a Stirling e seguire i corsi. Ti farò sapere se hanno intenzione di tenermi nascosta in una torre».

Sto per uscire dal bagno quando il mio smartphone mi avvisa che ho ricevuto un nuovo messaggio.

Con il cuore che sta già cominciando ad accelerare leggo:

"A quanto pare non hai capito, avevo detto niente polizia e invece tu cosa fai? Chiami quel montato di tuo fratello e ti fai riportare a Londra... pensavi forse di potermi sfuggire, Clemmy?

So tutto di te, conosco le tue abitudini, le tue amicizie e la tua famiglia...

Ci vediamo presto... ah, quasi dimenticavo, quel maglioncino verde ti sta un incanto, aspetto con trepidazione di potertelo strappare..."

Rileggo ancora questo stupido sms, non sta giocando, mi ha seguita fin qui.

6. Liam

Quando il capo mi ha chiesto di occuparmi personalmente di questa faccenda, avevo già intuito che non mi sarei affatto divertito.

Fare da baby-sitter a una ragazzina ricca e viziata, che molto probabilmente non sa neppure cosa voglia dire impegnarsi per ottenere qualcosa, non è di certo ciò a cui ambivo quando ho accettato questo lavoro.

Sto parlando ancora con suo fratello, che mi sembra tra l'altro molto in ansia, quando la vediamo rientrare.

«Allora, come stavo dicendo a suo fratello, questi soggetti sono spesso maschi sulla trentina. Si tratta probabilmente di qualcuno che conosce anche la sua famiglia e che nutre un profondo senso di rancore, rabbia e...»

«Mi ha seguita, sa che sono tornata a Londra e che sono con Robert», esclama la signorina Danton.

«Cosa vuoi dire?», le domanda suo fratello.

Si avvicina alla scrivania e dalla tasca dei jeans tira fuori lo smartphone.

Leggo il messaggio.

«A questo punto direi che abbiamo a che fare con uno stalker in piena regola».

Poi aggiungo:

«Signorina Danton, di certo non potrà rientrare in Scozia, onestamente non immaginavo che arrivasse a seguirla».

«Mi chiedo cos'abbia intenzione di fare, questo è davvero un delinquente», ringhia Robert.

«Signor Danton, la invito a restare calmo, spesso giovani donne vengono prese di mira da soggetti instabili che nutrono per loro una sorta di ossessione. Con le moderne tecnologie è piuttosto semplice "entrare" nel cellulare di qualcun altro: è sufficiente installare uno spy software o spyware per assumere il controllo di un dispositivo, registrando telefonate, messaggi ed e-mail. Inoltre alcuni spyware riescono addirittura a intercettare la nostra posizione sfruttando le coordinate GPS. Metteremo subito il telefono di sua sorella sotto controllo per verificare se vi è stato installato appunto uno spyware».

La ragazza mi guarda.

«Come avrebbe potuto mettere nel mio smartphone questo software? È sempre stato nella mia *Hermès* o a casa».

«Signorina Danton, il soggetto ignoto sembra essere organizzato, agisce con metodo quindi immagino che possa anche essersi introdotto in casa sua con una certa abilità. La seguirò ovunque, non deve assolutamente essere spaventata».

Miss Danton, avvicinandosi, quasi grida:

«No, forse detective sia lei che Robert non avete capito che non ho nessuna intenzione di avere la scorta come si vede nei film. Se non volete che rientri a Stirling resterò a Londra ma non voglio assolutamente un uomo tra i piedi che mi segua anche a fare pipì!»

Mi passo la mano sul mento, immaginavo che avere a che fare con una ragazzina capricciosa non sarebbe stato di certo rilassante.

Il signor Danton, visibilmente innervosito, esclama:

«Clemmy non fare la bambina, qualcuno è entrato in casa tua, ha anche avuto accesso al tuo cellulare e tu stai qua a reclamare? Ascoltiamo il detective Darren e per favore smetti di fare inutili scenate».

Riprendo a dire:

«Miss Danton mi dispiace, ma ritengo che la cosa più appropriata sia trasferirsi da qualcuno di estremamente fidato e poco noto. Escluderei quindi lei, signor Danton, il cui indirizzo è stato spesso menzionato su numerose riviste del paese e anche la vostra abitazione di famiglia a South Kensington. Tutti conoscono la villa dei Danton a Londra. Avete un parente, un amico, qualcuno che potrebbe ospitare la signorina? I miei uomini e io intanto lavoreremo per identificare il soggetto ignoto».

Robert si alza e soddisfatto esclama:

«Detective tutti i nostri parenti sono piuttosto conosciuti in città e onestamente non mi sembrerebbe appropriato far trasferire Clemmy a casa di qualche zio anziano o di altri dediti invece ai divertimenti più sfrenati nei locali alla moda di Londra».

Poi aggiunge:

«Rose Hill! Abbiamo una modesta tenuta nei pressi di Salisbury, sono anni che nessuno ci va. Clemmy potrebbe stare lì, ovviamente sempre che lei detective vada con mia sorella».

La ragazza passa lo sguardo da suo fratello al sottoscritto.

«Robert ma cosa stai dicendo? Per quel che ne sappiamo potrebbe anche essere un rudere».

Prima che possa aggiungere altro dico:

«Mi sembra la sistemazione ideale. Datemi qualche istante per fare alcune telefonate».

7. Clementine

Guardo mio fratello, non posso credere che abbia davvero proposto di farmi andare là.

«No Robert, non se ne parla affatto, non puoi decidere tu, qui non stiamo parlando della Danton Hotels!», sbotto io tutto d'un fiato.

Prima che possa aggiungere altro il detective Darren esclama:

«Miss Danton forse lei non ha ancora capito che questo soggetto non si accontenterà di spaventarla con degli stupidi messaggi. Ha iniziato la sua escalation entrando nel suo appartamento quindi le suggerisco di ascoltarci».

Mi siedo, mio fratello si china e, guardandomi negli occhi, mi sussurra:

«Per favore, ascolta il vicecommissario».

«Questa mi sembrerebbe, senza ombra di dubbio, una sistemazione ideale. Arrivare al suo recapito non sarà semplice e noi intanto, avremo il tempo per scovare questo psicopatico».

Mi volto, i miei occhi incontrano quelli del detective.

«Stia tranquilla, lo prenderemo; lei deve soltanto far "calmare le acque"», propone con un tono di voce pacato.

Poi riprende:

«Datemi qualche ora per sistemare alcune cose al lavoro, poi passerò a prenderla. Ovviamente le farò avere un altro dispositivo per restare in contatto con la sua famiglia e con gli amici ai quali però si dovrà limitare a far credere che sia a casa a Londra per qualche tempo. Inventi qualsiasi cosa, ma non deve far trapelare nulla dei suoi spostamenti».

Poi aggiunge:

«Supponendo che il nostro soggetto abbia seguito fino a Londra Miss Danton direi di procedere in questo modo: faremo indossare gli abiti della signorina Clementine a un'altra ragazza che, fingendosi lei, salirà in macchina con il signor Robert e andranno insieme alla villa di famiglia a South Kensington. Intanto noi partiremo per il remoto paesino del Wiltshire».

«Chiamo Anita e le dico di venire subito qua, lei e Clementine sono entrambe snelle e hanno pure lo stesso colore di capelli!», esclama mio fratello.

Non so che dire, il mio sguardo passa dal vicecommissario a Rob che sta telefonando alla sua ragazza.

Osservo il mio nuovo coinquilino mettersi la giacca e chiudersi la pesante porta alle spalle, mi alzo e mi avvicino alla finestra che dà su Regent Street: ha ricominciato a piovere, io mi stringo nel mio golfino e resto lì a fissare la strada dove, nonostante il gelo, i turisti continuano a scattare foto.

***

Quando Anita, visibilmente in ansia, entra nello studio di mio fratello tutti ci voltiamo.

«Allora Robert mi vuoi dire cos'hai combinato? Sono praticamente scappata dalla casa del mio nuovo cliente!», brontola lei spostando lo sguardo da mio fratello alla sottoscritta.

«E tu Clemmy cosa ci fai qui? Ti abbiamo accompagnato solo ieri all'aeroporto!»

Fa una piccola pausa aprendosi il pesante cappotto e aggiunge:

«Allora qualcuno mi vuole spiegare cosa sta succedendo?»

Robert le si avvicina sfiorandole la guancia.

«Amore, mi dispiace ma non potevo dirti nulla al telefono».

Dopo aver fatto un dettagliato resoconto di tutta questa assurda storia, Robert, buttando un'occhiata allo smartphone, afferma:

«Ragazze direi che è ora di cambiarvi, immagino che il detective Darren non ci farà attendere».

Anita e io ci chiudiamo in una stanza libera dell'albergo.

«Mi dispiace Clemmy, sono certa che il detective riuscirà ad arrivare a questo pazzo e tu potrai tornare a Stirling dai tuoi amici», mi rincuora mia cognata porgendomi i suoi abiti.

La guardo e sorridendo dico:

«Anita... grazie».

Mi metto il suo morbido cardigan, riesco pure a infilarmi nella sua longuette e calzo dei tacchi decisamente alti. Mi domando come faccia a camminare con queste scarpe e a non cadere.

Mi volto, Anita con indosso i miei abiti sembra proprio una ragazzina, immagino già la faccia di mio fratello quando la vedrà!

«Accidenti, sei davvero incantevole!», ammette Anita sistemandosi il mio maglioncino.

Quando apriamo la porta dello studio di Rob sia mio fratello che il vicecommissario, che dev'essere rientrato nel frattempo, si voltano a guardarci.

«Ragazze, devo confessare che entrambe siete davvero deliziose».

Rob si avvicina alla sua ragazza e gli sussurra qualcosa all'orecchio. Anita sorride in imbarazzo dandogli una pacca sulla spalla; non voglio neppure immaginare cosa le abbia detto, se lo conosco abbastanza penso proprio che si tratti di qualcosa di decisamente "intimo".

«Signor Danton direi che lei e Miss Cavendish dovreste andare. Comportatevi con naturalezza, lei Anita tenga il volto leggermente inclinato come se stesse parlando con Robert e i capelli sciolti. Mi raccomando non fermatevi, tirate dritto. Il soggetto ignoto ci starà osservando, non dobbiamo assolutamente commettere errori».

Robert mi guarda, si avvicina e mi stringe in un abbraccio.

«Mi raccomando, non farmi stare in pensiero».

Per un istante restiamo così, poi ridendo aggiunge:

«E non far impazzire il detective».

Anche Anita mi abbraccia.

«Ci vediamo», mi limito a dire guardandoli chiudersi la pesante porta a battenti alle loro spalle.

8. Liam

Sono passato da casa per mettere qualcosa in valigia e per poter telefonare al mio capo.

Il commissario Richsalton ritiene che questa sistemazione sia decisamente vantaggiosa, mi ha ripetuto di fare molta attenzione e che lui stesso farà in modo di arrivare al nostro soggetto ignoto.

Salgo in auto, il traffico è piuttosto scorrevole nonostante la pioggia e l'ora di punta.

Fermo l'auto e a passo spedito mi incammino su per la scalinata dell'imponente palazzo.

Diversi turisti, dall'accento americano, affollano l'entrata con i loro bagagli aspettando di fare il check-in; io salgo in ascensore insieme a una coppia. Lei sta riguardando nella reflex delle foto e lui la bacia dolcemente nell'incavo della spalla.

Sorridenti scendono, io proseguo fino al piano attico.

La segretaria del signor Danton mi guarda.

«Mi piacerebbe proprio capire qualcosa di tutto questo viavai!», la sento parlottare tra sé.

Quando apro la porta il signor Danton mi dice subito:

«Clemmy è con Anita a cambiarsi».

«Nessun problema», mi limito a rispondere.

«Detective, pensa che il nostro uomo abbia una sorta di ossessione per mia sorella? Sa, si legge di continuo di donne che vengono prese di mira da degli squilibrati».

«Signor Danton, stia tranquillo, non ha alcuna ragione di essere in ansia. Io e i miei ragazzi lavoreremo per poter far tornare quanto prima sua sorella alla sua normale routine. Il commissario Richsalton sta impiegando la sua squadra migliore».

La porta si apre e vedo entrare Miss Danton insieme a quella che deve essere la fidanzata del fratello.

Per un istante i miei occhi sembrano non volersi spostare dalla signorina Danton: ha indosso un maglioncino leggermente scollato e una gonna che le fascia appena i fianchi in modo particolarmente sensuale e dei tacchi decisamente sexy.

«Mr Danton, direi che a questo punto lei e la signorina dovreste andare», suggerisco.

Mi allontano leggermente, Miss Danton stringe in un abbraccio suo fratello e poi la signorina Cavendish e poi osservo la coppia chiudersi la porta alle spalle.

«Aspettiamo qualche istante per permettere a suo fratello e alla sua ragazza di salire in auto e poi direi di incamminarci».

Senza neppure voltarsi si limita a sussurrare:

«Come vuole, detective».

Mi avvicino alla finestra; proprio come ho raccomandato loro, vedo il signor Danton uscire dall'albergo con Miss Cavendish, camminano spediti, lei tiene il volto leggermente inclinato, i capelli che le coprono in parte il viso.

Mr Danton le apre la portiera e dopo alcuni istanti li vedo immettersi nel traffico di Regent Street.

Attendo ancora qualche istante dando una frettolosa occhiata allo smartphone.

«Andiamo, ho già messo il suo trolley nella macchina», la informo mentre indosso il pesante giaccone.

***

Siamo nella mia *Land Rover*, lentamente usciamo dalla città, guido con attenzione prendendo la M40.

«Nel vano portaoggetti ho messo il suo nuovo cellulare, mi raccomando non dia il numero a nessuno e si limiti a utilizzarlo solo per telefonare alla sua famiglia. Ovviamente ogni messaggio, telefonata, e-mail che partirà da questo dispositivo verrà registrata nel nostro tabulato», le spiego.

«Non si preoccupi, non ho intenzione di "spiattellare" a ogni individuo del paese che sto andando in un remoto paesino del Wiltshire!»

Senza aggiungere altro la osservo socchiudere gli occhi come se avesse intenzione di dormire o quantomeno per evitare ogni tipo di conversazione.

Già non la sopporto, se non me lo avesse chiesto il commissario di certo avrei rifiutato di fare da "tata" a questa ragazzina.

9. Clementine

Stiamo procedendo tranquilli, alla radio stanno passando le hit del momento, mi lascio cullare da quelle note e dal regolare movimento della macchina. Devo essermi addormentata. Quando mi sveglio noto che dalla città siamo passati alle miti campagne inglesi.

«Dovremmo essere quasi arrivati, la vostra tenuta non dovrebbe distare molto dal paese», dice il detective Darren.

«È da quando ero piccola che non torno qui, è una vecchia residenza, appartiene alla mia famiglia praticamente da sempre».

Poi, guardando il paesaggio, aggiungo:

«Mio padre è nato e cresciuto qui, quando eravamo piccoli venivamo spesso a trovare i nonni poi però, con l'avanzare dell'età, anche loro si sono trasferiti a Londra e da allora immagino che la casa sia disabitata, non so neanche se sia ancora in piedi».

Seguendo il navigatore seguiamo una strada a un'unica corsia che sale su per il promontorio, sì, riconosco questo tratto immerso nella vegetazione.

«Dovremmo esserci, se non sbaglio salendo ancora dovremmo vedere la tenuta di Rose Hill».

Ecco che in lontananza scorgiamo il vecchio cancello, ci avviciniamo e il detective Darren ferma la macchina.

Rimango qualche istante a fissare la cancellata dietro la quale si vede il sentiero che porta alla villa.

«A questo punto direi di provare a entrare», propone il mio accompagnatore prendendo dal vano portaoggetti le chiavi e scendendo dal moderno Suv.

Appena scesi, un venticello leggero mi punge le guance, qui il clima sembra già differente rispetto alla città.

Inserisce la chiave e a fatica riesce ad aprire il pesante cancello.

«Un tempo potevamo aprirlo con un semplice impulso elettrico, immagino che dopo tanto tempo però andrebbe ripristinato», mi limito a dire.

Con l'auto proviamo a percorrere con attenzione il sentiero ma parte della strada è adesso ricoperta da sterpaglia e rami che il vento deve aver divelto.

«Non lo ricordavo affatto così, un tempo questo parco era un tripudio di piante e fiori colorati, la nonna passava molto tempo a sistemare il giardino, voleva fare tutto lei e molto spesso io mi divertivo a darle una mano», esclamo spostando appena lo sguardo al detective.

Non dice nulla, né un accenno di sorriso né tantomeno una parola, mi chiedo come riuscirò a sopportare una convivenza forzata con questo energumeno, scortese e poco incline al dialogo.

Ecco che vedo la vecchia villa, è proprio come la ricordavo: di un color giallo tenue, la facciata adesso in alcuni punti è vagamente scrostata, le imposte necessiterebbero di una sistematina così come il pesante portone a battenti.

Scendo dalla macchina e mi avvicino alla residenza. Se chiudo gli occhi mi sembra quasi di tornare alle vacanze estive di diversi anni addietro... Robert e io che gridando uscivamo dalle porte finestre che danno sul retro seguiti da Vivian e dal cane che, abbaiando, ci veniva dietro e la nonna che ridendo provava a chiamarci per la cena.

Quanti ricordi...

«Signorina Danton che ne dice se provassimo a entrare? Suo fratello ha detto che sia il riscaldamento che le altre forniture dovrebbero essere ancora in funzione ma immagino che dovremmo controllare».

Prova e riprova ad aprire la porta ma niente, la chiave sembra non girare. Mi torna in mente quello che diceva sempre la nonna: "Se la porta fa i capricci, tu attirala a te e falle capire chi comanda".

«Aspetta», intimo al commissario.

Lui passandosi la mano sul mento, quasi prendendomi in giro, esclama:

«Non penso che riuscirà ad aprirla, sembra bloccata».

Con la mano lo sospingo leggermente per potermi avvicinare alla porta e poi faccio proprio quello che vedevo fare alla nonna: con forza tiro il vecchio pomello in ottone verso il mio volto e poi con rapidità faccio girare la chiave.

«Ecco detective, adesso può entrare!», dichiaro io soddisfatta. Poi, sfoderando un sorriso malizioso, aggiungo:

«I muscoli non servono sempre per tutto, spesso si può compensare con ingegno e arguzia».

Il mio accompagnatore mi guarda e si limita a replicare:

«Prego, dopo di lei Miss Danton».

Non posso esserne certa ma penso per un istante di aver scorto un accenno di sorriso sulle labbra del nostro scontroso detective.

10. Liam

Non immaginavo di certo che la "modesta" residenza di campagna dei Danton fosse invece una sorta di maniero, una villa antica che potrebbe tranquillamente essere gestita dal National Trust.

La porta si apre su di un ampio salotto, alle pareti svettano delle librerie dove fanno mostra di sé tomi antichi, un imponente divano piuttosto polveroso è posto al centro della stanza, ma quello che cattura la mia attenzione sono gli affreschi.

Fiori e piante dai molteplici colori e sfumature adornano il soffitto scendendo poi lungo il muro, non ne avevo mai ammirati di simili se non nei musei o nelle residenze storiche sparse per il paese.

«Detective che fa? È rimasto incantato?», sento alle mie spalle.

Mi volto e seguo la capricciosa ragazzina.

«È da parecchio che nessuno viene qua quindi immagino che dovremo lavorare sodo per darle una discreta sistematina», prosegue lei passando in quello che immagino sia un ampio tinello.

«Venga, andiamo in cucina, così potremo dare un'occhiata alla vecchia Aga. Di tanto in tanto si divertiva a fare i capricci ma in tutti questi anni abbiamo sempre contato su di lei per il riscaldamento».

Poi si volta e, incontrando il mio sguardo, puntualizza:

«Se non sa metterla in funzione può sempre consultare Google».

Che sta facendo? Vuole forse prendermi in giro? Ho sempre saputo che le ragazzine ricche e viziate come lei, riescono a innervosirmi.

«Signorina Danton penso proprio di riuscirci senza il fidato amico Google, si direbbe che un tempo, quando ero ragazzino, in casa ne avevamo una!», mi limito a precisare avvicinandomi alla vecchia stufa.

«Se vuole, qui dietro nella dispensa, vi è una sorta di legnaia. Se riuscisse a azionarla potremmo magari farci una doccia, è tutto il giorno che passo da una parte all'altra del paese».

Prendo alcuni ceppi, sono leggermente umidi, ma non essendoci altro mi dovrò accontentare, e provo ad accenderla.

Dopo alcuni istanti ecco che parte. Soddisfatto mi volto:

«A quanto pare ricordo ancora come si accende una stufa, spero di riuscire a rammentarmi anche come si fa il mio lavoro».

Lei per un istante mi guarda senza aggiungere una parola poi, incamminandosi per l'imponente scalinata, la sento pronunciare stizzita:

«Detective dovrebbe portarmi in camera il trolley, non può di certo farlo trascinare a una signorina e poi, se non sbaglio, mio fratello la paga profumatamente anche per questo».

Non riesco a sopportarla, così con un passo mi avvicino e, guardandola dritta negli occhi, esclamo:

«Le ricordo Miss Danton che suo fratello non paga profumatamente me, ma è la fondazione Danton che sostiene il nostro commissariato, praticamente, da sempre. Io sono qua solo per salvarle il culo! E adesso, con permesso, vado alla macchina».

Vorrei dirle anche di smetterla di fare quella viziata ma invece faccio dietro front e mi dirigo alla *Land Rover*.

Questo lavoro mi farà impazzire, preferisco rapportarmi con ladri e criminali che con questa ragazza, penso sollevando il pesante trolley di Miss Danton.

Sospirando rientro nella villa.

11. Clementine

Sono in quella che per diversi anni, ogni estate, era la mia cameretta. Sullo scrittoio ancora il mio vecchio astuccio con tutte le penne colorate e una delle prime e introvabili edizioni de *Il Giardino Segreto*. Da piccola, è stato uno dei miei libri preferiti perché quel luogo tanto caro a Mary mi ricordava il giardino di Rose Hill.

Apro la finestra, le imposte sono decisamente polverose ma subito mi torna in mente perché amassi tanto venire qui. Il parco, anche se adesso non è rigoglioso e ordinato come un tempo, mantiene sempre la sua magia. Si scorge il muro con il piccolo cancello su cui adesso si arrampica del glicine e che conduce al giardino delle rose con le sue cascate.

Quanto tempo ho trascorso sdraiata su quel prato a leggere e immaginare storie...

I pomeriggi passati con Robert a giocare e uscire di nascosto per andare al villaggio... che ricordi, mi sembra quasi che sia un secolo fa.

Il detective Darren, alle mie spalle, richiama la mia attenzione:

«Questa villa potrebbe tranquillamente essere patrimonio del National Trust».

Poi, indicando l'ingombrante trolley, aggiunge:

«Ecco la sua valigia. Mi può dire in quale stanza posso sistemare le mie cose?»

«Dove più le piace! Le camere sono tante, quindi, decida pure lei quale preferisce», dico di getto, «piuttosto penso che dovremmo cominciare a sistemare qualcosa, la polvere è tanta così come le cose da pulire».

Lui mi guarda, per un istante rimango a fissare quegli occhi verdi tanto intensi.

«Intanto, dal momento che dovremo abitare insieme, direi di passare a un tono più amichevole. Sistemiamo le camere, poi direi di farci una doccia e preparare qualcosa da mangiare. Appena alzati, con calma, penseremo a riordinare la villa».

Non mi dà il tempo di aggiungere altro che si volta uscendo dalla mia stanza.

Mi soffermo a osservare un altro po' il giardino; in lontananza, nonostante le nubi, oltre alla deliziosa campagna inglese del Wiltshire si riesce a scorgere il campanile della cattedrale di Salisbury. Mi ero quasi dimenticata tutto questo...

Il suono del cellulare mi distrae da questi miei pensieri.

«Ehi, siete arrivati?», sento dall'altro capo del telefono.

«Certo anche se dovremo sgobbare parecchio per ripulire la vecchia tenuta, sono anni che nessuno ci mette piede e la manutenzione da fare è parecchia», dico a mio fratello.

«Almeno saprete come passare il tempo, non vi annoierete e farete qualcosa di indubbiamente utile! Vorrei stare ancora al telefono con te ma il detective ci ha suggerito telefonate rapide. Mi raccomando, non fare impazzire il vicecommissario».

«Tranquillo, piuttosto mi auguro che non sia lui a far impazzire la sottoscritta», puntualizzo riagganciando.

Prendo dal trolley dei leggings, una sorta di maxi maglia, tutti i prodotti per la doccia, il mio morbido accappatoio e mi dirigo alla toilette.

Nella villa, ogni piano vanta un paio di bagni, tutti erano stati ristrutturati di recente quindi non dovremmo avere alcun tipo di problema con il loro funzionamento.

Facendo attenzione a non far cadere i miei vestiti apro delicatamente la porta del bagno quando vengo letteralmente investita da una nube di vapore misto al profumo di bagnoschiuma.

Ed ecco che, praticamente nudo, solo con un asciugamano attorno ai fianchi, mi ritrovo a guardare una versione del detective Darren decisamente sexy.

I miei occhi sembrano non riuscire a spostarsi da quegli addominali che scendendo sembrano disegnare una "v" che si sospinge oltre il telo in spugna.

Sul fianco noto un tatuaggio, i capelli sono bagnati e totalmente spettinati.

Guardandomi si avvicina:

«Nessuno ti ha mai detto di bussare prima di entrare?», mi chiede mantenendo quegli occhi verdi fissi nei miei.

In imbarazzo, mi limito a dichiarare:

«Mi dispiace, non immaginavo che ci fossi tu a farti la doccia».

Si volta e, mostrandomi una schiena disegnata ad arte, esce dalla stanza.

Accidenti, quest'immagine dovrebbe essere indubbiamente vietata in tutto il paese!

***

Dopo la doccia scendo di sotto, ed ecco che lo vedo impegnato in cucina a pulire il vecchio tavolo dove con la nonna abbiamo preparato un sacco di dolci e crostate al cioccolato.

«Ho cominciato a sistemare qualcosa. Per la cena penso proprio che dovremmo ordinare delle pizze perché, come potrai immaginare, la dispensa è deserta».

«Certo, nessun problema», mi limito a dire.

«Come la preferisci?», mi domanda passando a pulire il piano da lavoro.

«Rucola e mascarpone e una *Coca zero*».

Solleva lo sguardo:

«Una *Coca zero*?», ripete.

«Sì, qualcosa in contrario? Ne ho un'autentica dipendenza».

Senza aggiungere altro lo vedo prendere dalla tasca dei jeans il telefono e chiamare una pizzeria nei pressi della villa.

Anch'io prendo la scopa e, aspettando le pizze, inizio a pulire.

Poi in imbarazzo, sussurro:

«Detective...»

Si volta.

«Mi dispiace per il bagno, non immaginavo davvero che ci fossi tu».

«Non preoccuparti e per favore, smettila di chiamarmi detective».

Si avvicina e mi porge la mano:

«Liam... lo preferisco di gran lunga».

Aspettando le pizze ne approfittiamo per continuare con le pulizie, quando Liam scende al cancello per ritirare la nostra ordinazione sia la cucina che la sala sono state sistemate e pulite.

Devo ammettere che, forse, essermi trasferita qua per qualche tempo potrebbe anche avere dei vantaggi: potrò studiare senza alcun tipo di distrazione, fare un po' di manutenzione alla villa e poi stare qui mi è sempre piaciuto.

Il detective – ehm, volevo dire Liam – mi distoglie da questi ragionamenti.

«Ecco la nostra cena e la tua *Coca zero*», interviene mascherando un accenno di sorriso.

12. Liam

Siamo seduti nell'ampia cucina gustandoci una delle pizze più appetitose che abbia mai mangiato.

Ancora non riesco a capire come certe persone possano possedere tutto questo e non valorizzarlo. Una villa del genere sarebbe un fiore all'occhiello per il National Trust, penso tra me.

Quando, dopo la doccia, ho dato una rapida occhiata al dossier sui Danton ho subito intuito che una famiglia come la loro si presta ad avere molte persone invidiose, e non solo, attorno.

A quanto pare è stato il nonno di Miss Danton a iniziare questa tradizione di Hotel di lusso, poi continuata e fatta crescere in modo esponenziale dal padre facendola diventare una delle catene di alberghi più quotate con azionisti ovunque.

Adesso invece è il fratello, Robert, a essere a capo della Danton Hotels anche se, da quanto ho letto, sembrerebbe che prima di fidanzarsi con la signorina Cavendish, si sia divertito parecchio cacciandosi in situazioni imbarazzanti... è stato spesso protagonista delle riviste di gossip del paese.

«Liam... ma tu sei di Londra?», mi domanda Clementine distogliendomi dai miei pensieri.

«No, mia madre è scozzese, sono nato e cresciuto in un piccolo paese, Dornoch. Perché? Non sembro il classico uomo che si aggira tra la City e le strade alla moda di Piccadilly?»

I suoi profondi occhi castani mi scrutano, poi esclama:

«Se può farti piacere, non lo sembri affatto! Quello che mi ha fatto pensare che non fossi di Londra è il tuo accento».

Si porta alle labbra ancora un po' della sua *Coca Cola* e mi chiede seria:

«Pensi davvero che il soggetto ignoto mi abbia seguita a Londra e che non si sarebbe limitato a spaventarmi con dei semplici messaggi come aveva fatto in questo periodo?»

Incrocio il suo sguardo.

«Per esperienza ti posso dire che questi soggetti sono uomini fortemente disturbati, probabilmente con poca fiducia in se stessi. Spesso nutrono un'autentica ossessione per una donna o invece la ritengono responsabile dei propri fallimenti.

Sono uomini precisi, meticolosi e organizzati ma possono diventare violenti. Quindi sì, penso che ti abbia seguita ed è proprio per questo che ti ho portata qua».

Mi ascolta, poi per qualche istante non aggiunge altro.

«Non devi stare in ansia, io e miei uomini stiamo lavorando per acciuffarlo, stai tranquilla», la rassicuro alzandomi.

«Vuoi un espresso?», le domando.

«Perché abbiamo del caffè?»

«Diciamo che me ne porto sempre un po' in valigia».

Accennando un sorriso, esclama:

«Allora anche tu hai le tue dipendenze? Immagino che tutti ne abbiano alcune, ma no, grazie, non bevo caffè alla sera».

Si alza e si avvicina alla lavastoviglie.

«Che dici, pensi che se provassi ad azionarla potrei allagare la casa?»

Apro lo sportello e do un'occhiata.

«Anche se datati, sembrerebbe che i tubi siano allacciati correttamente quindi puoi usarla tranquillamente».

La osservo sistemare le stoviglie nella lavapiatti e le do una mano a dare un'ulteriore pulita alla dispensa.

«Allora io vado a dormire, onestamente sono esausta», mi dice incamminandosi su per l'elegante scalinata.

La seguo.

«Guarda che almeno qui puoi rilassarti, non devi starmi appiccicato, penso proprio che il nostro psicopatico non abbia deciso di seguirci nel rilassante Wiltshire!»

La guardo.

«Diciamo che seguirti fa parte del mio lavoro, cara signorina Danton. Allora buonanotte, mi sono sistemato nella camera con la carta da parati con fari e pulcinelle di mare... per qualsiasi cosa mi trovi lì».

Poi, mantenendo lo sguardo fisso nei miei occhi, precisa:

«Stanza deliziosa... ottima scelta! Buonanotte».

Mi volto quando alle mie spalle sento:

«Rob ha sempre avuto una certa passione per i puffins, quando eravamo piccoli in Scozia passava un sacco di tempo a guardarli».

Fa per chiudere la porta quando aggiunge:

«Buonanotte, Liam».

***

Nella mia stanza accendo il portatile e continuo a leggere il dossier dei Danton.

Mi sono fatto inviare una lista dei loro collaboratori e dei loro dipendenti e anche una di quelli che, per una ragione o un'altra, sono stati invece licenziati o che abbiano presentato le proprie dimissioni.

Sembrerebbe che il signor Rudolph Danton sia molto apprezzato, un datore di lavoro severo ma allo stesso tempo disponibile e cortese anche se immagino che tanta ricchezza porti con sé parecchia gelosia e rancore.

Passo a Miss Danton.

Clementine, studentessa modello alla prestigiosa University of Stirling, sta studiando Management e Marketing. A differenza del fratello sembra tenersi alla larga dai pettegolezzi e non ama particolarmente gli eventi mondani della City. È stata fidanzata per qualche tempo con un ragazzo piuttosto noto, attaccante della squadra di hockey del Campus proveniente da una ricca famiglia.

Nessun precedente di alcun tipo, la classica ragazza tranquilla anche se immagino sia piuttosto viziata.

Spengo il portatile e provo a dormire.

13. Clementine

Addormentarmi non è stato semplice, continuavo a girarmi e rigirarmi nel letto; non facevo altro che pensare a quei messaggi.

Ho provato anche a immaginare se potesse essere stato qualcuno conosciuto a Stirling ma, come ho anche detto al detective Darren, ritengo che nessuno dei miei amici-conoscenti sia tanto stupido da divertirsi così.

Appena sveglia, apro subito le imposte e un venticello mi punge le guance.

Stringendomi nel maglione, mi soffermo a osservare il parco: è una giornata tersa, un flebile sole prova a riscaldarmi il viso, qua e là si sente il cinguettare di qualche merlo e il rumore dell'acqua alla cascata.

Impegnato a correre scorgo Liam, mi ritrovo a guardarlo: ha gli auricolari nelle orecchie, fisico atletico, occhi verdi e sguardo incredibilmente intenso, è lievemente abbronzato e devo proprio ammettere che è indubbiamente affascinante. Se non fosse per quei suoi modi scortesi e per quel essere tanto schivo lo si potrebbe definire una piacevole compagnia, quantomeno gradevole agli occhi.

Scendo di sotto, in cucina l'aroma della moka mi dà il buongiorno, a quanto pare è stato lui a prepararla. Mi avvolgo nel morbido scialle in cachemire ed esco.

Il giardino necessita di molte attenzioni, il prato deve essere sistemato così come le piante di ortensie poste nei grandi vasi che fiancheggiano il viale.

Era da tanto tempo che non "assaporavo" questo parco, mi ero quasi dimenticata quanto amassi tutto questo.

«Buongiorno, il cinguettare degli uccellini ti ha buttato giù dal letto?», sento alle mie spalle.

Mi volto, Liam, con indosso soltanto una t-shirt nonostante il clima ancora invernale e la felpa della tuta in mano, si avvicina.

«Avrei voluto dormire ma qualcosa mi ha svegliato... è una mattinata incantevole, a Londra un clima del genere ce lo sogniamo!», bofonchio soddisfatta guardando il parco.

«Qui è tutto decisamente rilassante, erano secoli che non mi svegliavo tra il cinguettare dei merli e il rumore della natura; a Londra generalmente sono allietato soltanto dallo stridere delle gomme delle auto e dal traffico su Kensington Road».

Poi, passandosi la mano sul mento, aggiunge:

«Vado a farmi una doccia e poi se vuoi cominciamo a sistemare questa reggia».

Lo osservo chiudersi la porta alle spalle, io decido di rientrare assecondando il brontolio del mio stomaco che sembra suggerirmi di mangiare qualcosa anche se immagino che la dispensa non offra molto.

***

Sto armeggiando in cucina quando lo vedo entrare.

«A quanto pare dovremo accontentarci di una tazzina di caffè e dei miei *Weetabix*, che erano rimasti in valigia».

Poi aggiungo:

«Sono un tantino sbriciolati ma sempre meglio di saltare del tutto la colazione».

Liam si avvicina e si siede al tavolo.

«Allora, ho parlato con il capo, mi ha detto che i ragazzi stanno ancora visionando tutti i tabulati telefonici del tuo smartphone ma, a quanto pare, sia i messaggi che le e-mail che hai ricevuto sono stati inviati dalla biblioteca comunale di Stirling e da un cafè di Londra. Ha utilizzato quindi computer pubblici che vengono messi a disposizione dei clienti, indubbiamente è stato scaltro».

Si porta la tazzina alle labbra e dopo aver assaporato quello che immagino sia l'ennesimo caffè della mattinata prosegue:

«Stiamo anche riguardando tutti i dossier del personale della Danton ma sembrerebbe che siano tutti incensurati senza alcun tipo di precedenti penali anche se questo ce lo immaginavamo. Probabilmente dovremmo allargare la rete anche a vecchi collaboratori della vostra catena alberghiera, conoscenti e anche agli amici di famiglia».

Lo ascolto attenta poi azzardo:

«Pensi che si tratti di qualcuno che frequenta la nostra famiglia?»

Solleva lo sguardo e per qualche istante i suoi occhi si posano nei miei.

«Non penso nulla, ho semplicemente detto che chiunque potrebbe essere il nostro uomo... stai tranquilla Clementine non devi preoccuparti».

Mantenendo per un istante di troppo il mio sguardo sul suo viso, mi limito a dire:

«Grazie, Liam».

Facciamo colazione e poi ci mettiamo subito a sistemare le altre stanze: puliamo il salotto e la sala da pranzo, poi passiamo al vecchio studio del nonno e alle camere.

«Adesso sì che si comincia a ragionare, tolte ragnatele e polvere e dopo aver dato una sana ripulita, inizio a riconoscere questa casa», ammetto soddisfatta.

Mi volto e vedo il nostro detective intento ad ammirare gli affreschi sul soffitto.

«Questa è sempre stata una delle mie stanze preferite, da piccola mi sdraiavo sul divano e passavo ore a osservare i dipinti».

Poi mi avvicino e allungo la mano oltre la sua spalla.

«Se guardi con attenzione la dama da questa angolazione sembra che stia raccogliendo davvero le rose rampicanti».

Liam si volta e per un attimo i nostri volti si trovano decisamente vicini, subito mi allontano.

«È incantevole, come ti ho già detto, residenze come la vostra sono generalmente patrimonio del National Trust».

Sorridendo aggiungo.

«Io suggerirei di cambiarci e andare a fare un po' di spesa, non ho intenzione di mangiare solo *Weetabix* e caffè! Quando torniamo finiremo le altre stanze così poi, potremmo cominciare col giardino!»

Mi volto e mi incammino su per le scale.

***

Mi ricordo di bussare alla porta del bagno, non vorrei imbattermi di nuovo in Liam appena uscito dalla doccia anche se devo proprio ammettere che non mi è dispiaciuto affatto. Mi infilo un paio un jeans e un maglioncino e scendo di sotto.

Sento dei rumori in quella che la nonna definiva la stanza da gioco così, passando dall'ampio salotto, mi avvicino.

La porta è socchiusa, vedo Liam intento a spolverare l'imponente tavolo da biliardo.

«Da piccola restavo incantata a guardare il nonno, è stato lui a insegnare a Robert a giocare. Anche adesso amo sentire il rumore della stecca che colpisce la palla, mi rievoca un sacco di piacevoli ricordi».

Senza smettere di pulire, accennando un sorriso sghembo, puntualizza:

«Mi è sempre piaciuto giocare a biliardo, diciamo che sono piuttosto abile a tenere la stecca tra le dita».

Mi avvicino.

«Tornati dal paese potremmo fare una partita, sempre che non ti dispiaccia farti battere da una ragazza».

Si volta, nei suoi occhi noto una strana intensità.

«Scusami ma non penso proprio che riusciresti a battermi».

«Dici?», ripeto io con tono di sfida.

«Fossi in te non ne sarei tanto certo».

«Signorina Danton direi di rimandare questa discussione... andiamo a comprare qualcosa di commestibile».

Scuoto la testa e lo seguo in giardino.

14. Liam

Siamo in macchina, Clementine mi sta intrattenendo con la lista della spesa, io onestamente non la sto ascoltando granché, ripenso invece a quanto mi ha detto poco fa il commissario Richsalton al telefono.

Sembrerebbe che il nostro soggetto abbia mandato un pacco alla villa dei Danton a Kensington: una scatola regalo contenente diverse foto che ritraggono Clementine nella sua quotidianità: all'Università, a pranzo con gli amici, in biblioteca e addirittura una scattata nel suo appartamento appisolata sul divano.

Sembrerebbe che il pacco fosse stato consegnato da un corriere quindi ricavare le impronte è del tutto inutile.

Ovviamente non ho accennato niente alla ragazza.

«Mi piacerebbe anche passeggiare per Town Path, è da un pezzo che non ripercorro quel sentiero», dichiara Clementine distogliendomi da questi pensieri.

«Lo conosci?», mi domanda.

«No, anche se ti sembrerà strano, non sono mai stato a Salisbury», le rispondo immettendomi nella strada che conduce al centro.

Entusiasta inizia a dire:

«Allora prima di dedicarci alla spesa ti farò fare un giro della città, seguendo proprio il Town Path potrai gustarti degli scorci meravigliosi sulla rinomata Cattedrale, gli stessi che inspirarono Constable, e proseguendo ancora, il sentiero conduce all'*Old Mill*, un delizioso pub aperto in quello che un tempo era un vecchio mulino».

Poi, sorridendo, puntualizza:

«Almeno qui non dovremo fare attenzione a ipotetici psicopatici, quindi, caro detective Darren, non hai scuse per negarmi questa gita turistica della città!»

Fermo la macchina e, guardandola in quegli occhi profondi, provo a dire:

«Un "no" è contemplato tra le tue risposte?»

«Dai, si tratta solo di una passeggiata», ripete lei.

Prendo il giubbotto e scendo dalla macchina.

Sospiro.

«Vada per il giro della città».

Con slancio mi abbraccia e sorridendo conclude:

«Vedrai, te ne innamorerai, questo posto è magico!»

La guardo incamminarsi e i miei occhi si ritrovano a osservare quel suo dolce ancheggiare.

***

«Allora, questo sentiero particolarmente suggestivo, come dicevo, conduce a quello che era un vecchio mulino. Da qui, puoi ammirare la cattedrale di Salisbury proprio dalla stessa angolazione da cui la ritrasse Constable. Come avrai intuito sono un'amante della sua pittura, a mio avviso i suoi dipinti racchiudono tutta la magia di questi luoghi».

La osservo parlare con tanto entusiasmo, di tanto in tanto si volta per soffermarsi a guardare un particolare scorcio sulla campagna del Wiltshire.

Continuiamo a camminare su quel sentiero immerso nella rigogliosa vegetazione, qua e là qualche piccolo cottage, lungo il fiume ci fermiamo a guardare una famiglia di papere.

«Nella mia Birkin dovrei avere ancora degli *Weetabix*», afferma prendendo quegli insipidi agglomerati di cereali integrali.

«Fossi in te non sarei tanto certa che a loro piacciano», dico osservando uno dei paperotti avvicinarsi.

Si mette a ridere.

«Gli scoiattoli a Kensington Garden ne sono ghiotti non capisco perché a loro non dovrebbero piacere», precisa chinandosi.

Prova ad allungare la mano, uno dei piccoli intimidito si avvicina e ne pilucca alcuni pezzettini.

«Che ti avevo detto? Era ovvio che li avrebbero mangiati!»

Restiamo ancora qualche istante a guardare questa deliziosa famiglia fare una piccola merenda e poi riprendiamo la nostra passeggiata.

Tra una sosta e l'altra riusciamo ad arrivare all'*Old Mill*, un edificio sul fiume Nadder da cui si può ammirare la cattedrale, la tranquilla campagna e i suoi canali.

«Che ne dici se mangiassimo qualcosa? Qui preparano delle uova col prosciutto del Wiltshire davvero squisite».

La guardo, i suoi occhi sono davvero intensi.

«Sbaglio o dovrei lavorare ai vasti dossier della Danton Hotels per arrivare così al "nostro uomo"? Mi chiedo cosa dirò al mio capo!»

Sorride e, avvicinandosi al mio orecchio, mi dice:

«Semplice: che hai fatto il tuo lavoro, hai tenuto la ricca e oltremodo capricciosa signorina Danton alla larga da ipotetici psicopatici».

Poi, ridendo, aggiunge:

«E non dirmi che non hai mai pensato che fossi viziata perché non ti crederei, ti si legge in faccia che mi ritieni la solita ragazzina facoltosa che ottiene sempre tutto ciò che vuole!»

Colpito e affondato, penso aprendo la porta a battenti del ristorante.

«Dai, entriamo voglio scordarmi di quei tuoi *Weetabix* con qualcosa di appetitoso».

Si volta e ridendo aggiunge:

«E io chiederò una *Coca Zero,* ovviamente non ne posso fare a meno!»

15. Clementine

Siamo seduti a un tavolo dell'intimo ristorante che si affaccia sul canale e ci stiamo gustando i nostri piatti: uova con prosciutto del Wiltshire per la sottoscritta e un salmone al cartoccio con verdurine di stagione per Liam.

«Era da un pezzo che non venivo qui, mi ero quasi scordata quanto fossero deliziose queste uova!», esclamo ritrovandomi a fissare il nostro detective.

Accidenti, devo ammettere che è davvero affascinante, soprattutto quando regala un accenno di quel suo sorriso sghembo.

Solleva lo sguardo dal suo piatto e i nostri occhi si incontrano.

«Tutto davvero appetitoso, cominciavo a pensare che avrei dovuto mangiare ancora quel tuo miscuglio di cereali!»

«Sono salutari, basso contenuto di sodio e di grassi! Non ti ha mai detto nessuno che una dieta equilibrata e una regolare attività fisica sono importanti per una vita sana?»

Proseguendo a mangiare si limita a dire:

«Non penso che la *Coca Cola* rientri tra le abitudini salutari di cui stai parlando, e poi non mi pare di averti trovata a correre nel parco».

Sento il viso arrossarsi.

«Per quello neppure un abuso di caffè è raccomandato dai nutrizionisti!», puntualizzo stizzita.

«Non sono io quello che parla di alimentazione e quant'altro... piuttosto, non vorrei che cominciasse a piovere, una coltre grigiastra sta arrivando da nord, direi di tornare in paese».

«Non prima di aver gustato la torta di mele e cannella dell'*Old Mill*, è la migliore di tutto il paese!»

***

Dopo aver mangiato il dolce ripercorriamo il suggestivo sentiero, si è alzato un venticello che potrebbe anche annunciare un temporale.

Io, nonostante il clima, insisto per fermarmi a fare delle foto alla cattedrale di Salisbury.

«Sono certo che inizierà a piovere! Che ne dici di rimandare questo shooting fotografico?»

«Le nubi conferiscono al paesaggio circostante qualcosa di magico», lo zittisco io proseguendo a scattare.

In lontananza si iniziano a sentire dei tuoni.

«Se non ti decidi a venire ti assicuro che ti sollevo e ti porto in paese sulla mia spalla!», mi minaccia avvicinandosi.

«Aspetta, ancora questa e arrivo... l'angolazione da qui è meravigliosa».

Ecco che inizia piovere, una pioggerellina fine che si fa più intensa.

Liam mi prende la mano e mi tira.

«Su muoviti!»

Facendo attenzione a non scivolare cominciamo a correre, continua a tenermi per mano, le mie dita intrecciate alle sue.

Seguiamo il sentiero, si sente il rumore della pioggia e dei tuoni, quando riusciamo a entrare in macchina siamo completamente zuppi.

Si volta e, guardandomi, dice:

«Inizio a pensare che non dovrei darti ascolto! Adesso non sono ammesse altre soste turistiche se non quella da *Tesco*!»

Lo guardo e mi metto a ridere.

«Pensavo che invece potessimo passare dal museo di...»
«No, non se ne parla!»
Mi volto e, incrociando il suo sguardo, esclamo:
«Ho capito, come non detto!»
Mi ritrovo a sorridere canticchiando distrattamente le hit che sta passando la radio.

16. Liam

Siamo riusciti a entrare da *Tesco*, Clementine sta riempiendo il cestino con marmellate, svariati dolcetti, thè rigorosamente English Breakfast, spremute, latte, e tutti gli ingredienti per i pancakes.

«Scusa ma hai intenzione di fare soltanto colazione?», le chiedo guardandola mettere nel cestino una tavoletta di cioccolata.

«No, diciamo che prediligo i carboidrati anche se poi so già che si depositeranno tutti qui», dichiara lei indicandosi il sedere fasciato in un paio di jeans.

Mi ritrovo così a posarci lo sguardo e devo ammettere che è decisamente molto interessante.

Continuiamo la spesa, avevo quasi scordato quanto impiegassero le donne per comperare un detersivo per la lavatrice rispetto a un altro per non parlare poi delle caramelle: *gelée*, con zucchero, alla frutta o mou.

«Stavo quasi per dimenticarmi di lui», afferma prendendo dal frigo un gustoso barattolino di *Häagen-Dazs* al cioccolato e uno all'amarena.

«Per quanto riguarda il gelato devo ammettere che condivido i tuoi gusti!», ammetto passando la nostra spesa alla commessa.

Stiamo per uscire quando, alle nostre spalle, sentiamo:

«Clementine? Sbaglio o sei proprio tu?»

Ci voltiamo, un'anziana signora si avvicina appoggiandosi al braccio di quello che immagino sia suo marito.

Il suo sguardo vispo, da dietro le spesse lenti degli occhiali, passa da Clementine al sottoscritto.

«Accipicchia cara, ormai sei diventata proprio una donna! E pensare che quando tu e Robert eravate piccoli ho passato tanto di quel tempo a chiamarvi mentre correvate nel parco».

Poi, avvicinandosi un altro po', aggiunge:

«Ogni tanto con Arnold, quando l'artrosi alle gambe ce lo permette, ci spingiamo a fare una passeggiata fino alla vostra villa, è da parecchio che nessuno di voi tornava qua. Tua nonna e tua mamma come stanno? E il signor Danton si è deciso a rallentare col lavoro? Spesso compro quelle stupide riviste di pettegolezzi per vedere cosa combina tuo fratello, è sempre il solito monello?»

Clementine, sorridente, abbraccia l'anziana signora.

«Vivian, che piacere vederti! La nonna e la mamma sono sempre le stesse e papà adesso è meno impegnato. Adesso è Robert a capo della Danton Hotels e sembra che sia pure innamorato».

Poi sorridendo aggiunge:

«Tu Vivian cara, sei rimasta proprio come allora! La mia adorabile tata!»

«Non dire le bugie altrimenti ti cresce il naso! Tu sei diventata una donna incantevole e noi invece dei vecchietti brontoloni!»

Poi, tornando di nuovo a guardarmi, chiede:

«E lui? Non mi presenti il tuo ragazzo?»

Clementine incrocia per un istante i miei occhi e arrossendo esclama:

«Lui è Liam, un amico. Siamo venuti qui per poter studiare per l'Università lontani dalle distrazioni».

«Ah, adesso è così che chiamate il ragazzo che sbaciucchiate? Ai miei tempi si diceva semplicemente fidanzato!»

Clementine, in imbarazzo, precisa:

«No Vivian, davvero, siamo solo amici, Liam è un professionista di marketing e mi sta dando una mano con lo studio».

In lontananza si sentono dei tuoni.

Sorridendo esclamo:

«Piacere Vivian, adesso se ci scusate mettiamo la spesa in macchina e rientriamo alla villa, non vorrei che si scatenasse di nuovo un temporale».

L'anziana si ferma ancora a parlare poi, Clementine e io ci dirigiamo alla mia auto.

«Professionista di marketing, eh? Interessante».

Lei, arrossendo, chiarisce:

«Non potevo di certo dirle che sei un detective e che proprio sotto al giaccone porti con te una pistola!»

«Direi che "esperto di marketing" può andare».

Ridendo entriamo in macchina proprio quando riprende a piovere.

Per un istante mi ritrovo a fissare le sue mani che si muovono strofinando la stoffa dei suoi jeans per asciugarli.

17. Clementine

Era da un pezzo che non vedevo la vecchia Vivian e devo ammettere che, anche se con qualche ruga in più, è rimasta la stessa tata dolce e divertente che Robert e io facevamo impazzire.

«Simpatica la vostra *nanny*, sembra volervi davvero bene».

Mi volto appena e, guardandolo guidare per la stretta strada a un'unica corsia che conduce alla villa, puntualizzo:

«Vivian è di famiglia, tutte le estati, fin da quando eravamo piccolini, ci ha fatto da tata, praticamente ci ha cresciuto insieme alla mamma e alla nonna».

Voltandosi appena Liam mi domanda:

«Tuo padre non era molto presente? Immagino che sia stato sempre molto impegnato sul lavoro».

«Già, a Londra si chiudeva nel suo studio e molto spesso si portava il lavoro anche a casa, invece, quando ci raggiungeva qua, per qualche giorno io e Robert lo avevamo tutto per noi».

Con un velo di malinconia aggiungo:

«Forse è anche per questo che amo così tanto Salisbury e questa tenuta».

Per un istante nessuno dice niente poi sono io a chiedergli:

«E tu, cosa mi dici della tua famiglia? So solo che sei nato in Scozia in un piccolo paese».

«Non penso che la mia storia sia molto interessante, Clementine. Nessuna villa estiva carica di piacevoli ricordi, nessuna tata, nessun padre che lavorava fino a tardi e che mi dedicava il suo tempo nelle vacanze».

Ferma la macchina e senza aggiungere altro scende per aprire il pesante cancello.

Vorrei chiedergli di raccontarmi qualcosa della sua famiglia e di cosa lo ha spinto a intraprendere questa carriera per me inusuale, ma invece mi ritrovo semplicemente a dire:

«Dobbiamo ricordarci di ripristinare l'apertura automatica».

Quando ferma la sua *Land Rover* sta ancora piovendo.

«Tu entra in casa, io porto i sacchi della spesa, è inutile che ti bagni di nuovo pure tu».

Senza ribattere faccio quanto mi ha suggerito.

***

Sono nella mia vecchia camera da letto avvolta nel morbido accappatoio.

Dopo aver sistemato la spesa siamo saliti nelle nostre stanze e io sto continuando a ripensare a quanto mi ha accennato poco fa in macchina.

Vorrei davvero sapere qualcosa di lui, della sua famiglia ma pare molto riservato, schivo.

Mi infilo un leggings e un maglioncino decisamente comodo e mi avvicino alla finestra, sta continuando a piovere, di tanto in tanto si sentono dei tuoni che spezzano il regolare rumore della pioggia.

Mi soffermo a osservare il parco, ho proprio voglia di fare una passeggiata tra i suoi dolci e sinuosi sentieri e fermarmi poi a leggere, sdraiata su una coperta, in quello che un tempo era il mio "giardino segreto".

Sento bussare alla porta.

Mi volto, Liam appoggiato alla porta mi sta guardando.

«Volevo farti alcune domande... posso?», mi chiede indicando la sedia in tweed al mio scrittoio.

«Certo, dimmi pure».

Liam prende da una cartella avorio alcuni fogli.

«Allora, da quanto leggo, lavora per voi un certo Alvin Sullivan, vostro legale di fiducia nonché caro amico di tuo fratello Robert. Sembrerebbe che abbia cominciato a lavorare per tuo padre appena conseguito il diploma e che abbia libero accesso anche in casa vostra. È fidato, cortese e immagino proprio che nessuno della tua famiglia dubiterebbe di lui».

Lo fermo subito:

«Cosa vorresti dire? Alvin è un caro amico, lo conosciamo da sempre, io giocavo ancora con i peluche e gli orsacchiotti quando è approdato alla Danton! Quindi Liam, no, Alvin non è di certo il vostro uomo, toglitelo subito dalla mente!», preciso innervosita.

Mi guarda con quegli occhi verdi tanto intensi.

«Clementine non ho assolutamente detto questo, ma io non posso escludere nessuno. È ovvio che lui sarebbe facilitato: vi fidate, sa praticamente tutto della vostra famiglia, e naturalmente come legale e contabile conosce ogni dettaglio economico della Danton Hotels».

Mi avvicino.

«Scusa e per quale ragione Alvin si divertirebbe a mandarmi quegli assurdi messaggi?»

Liam mi guarda.

«Potrebbe essere per gelosia, rancore o semplicemente per chiedere del denaro alla tua famiglia».

«No, mi dispiace, ti assicuro che non può essere lui: è cortese, educato e poi ci vuole bene, è davvero un caro amico».

Solleva lo sguardo dal plico di fogli e si sofferma a guardarmi.

«Da come ne parli sembrerebbe che ci sia altro».

Poi mi chiede:

«Hai una relazione con lui?»

In imbarazzo, sbotto:

«Ma sei pazzo? Alvin e io siamo solo amici, nient'altro, e poi la mia sfera sentimentale non deve assolutamente interessarti».

Mi guarda in cagnesco e, riducendo gli occhi a fessure, chiarisce serio:

«Dato che il mio lavoro, al momento, è tenerti lontana dai guai, si direbbe proprio che ogni cosa di te mi interessi, niente o nessuno escluso!»

Per un istante cala il silenzio, poi è lui ad allungare la mano per sfiorare la mia.

«Voglio arrivare al nostro uomo e farti tornare alla tua quotidianità. Quindi, siediti e raccontami qual è il rapporto che hai con il vostro legale».

Respiro, mi passo la mano sul viso e inizio a parlare:

«Come ti ho detto quando Alvin ha iniziato a lavorare per mio padre io ero una ragazzina e sì, non posso negare che avevo una cotta per lui. Era così diverso dai miei amici, era gentile, educato e affidabile. Poi una sera, per il party del compleanno di mio fratello, mi riportò a casa perché gli altri avevano tutti bevuto. Restammo un po' a parlare e mi baciò. Tutto qui, un solo bacio, niente di più. Sono passati anni e noi siamo solo dei semplici amici».

Liam scrive qualcosa sul suo dossier poi, per un istante, i suoi occhi si posano nei miei.

«Voglio darti una mano Clementine, non sono qui per puntare il dito».

Poi aggiunge:

«Metto questo nella mia stanza e poi direi di riprendere i nostri lavori».

Lo guardo uscire, sono nervosa, non posso immaginare che Alvin sia il nostro uomo.

Cerco di cacciare via questo pensiero, sono certa che Sullivan non ci farebbe mai una cosa del genere, lui ci vuole bene.

Liam sta solo facendo il suo lavoro e, come mi ha appena detto, non può escludere nessuno.

Raccolgo i capelli in un disordinato chignon e scendo di sotto.

18. Liam

Da come ne parlava immaginavo che, tra lei e questo oltremodo cortese e affabile legale, ci fosse stato qualcosa. Se non sbaglio tra i due ci dovrebbe essere una discreta differenza di età, probabilmente Clementine andava sempre a scuola all'epoca di quel bacio.

Qualcosa mi infastidisce e onestamente non riesco a capire cosa.

Ripongo la cartellina e vado a vedere cosa sta combinando.

Ecco che la trovo… indaffarata a sistemare alcuni vecchi tomi di pittura.

«A quanto vedo sei un'amante della pittura inglese! Stamattina parlavi entusiasta di Constable e dei suoi dipinti e adesso eccoti qui con un libro di paesaggisti inglesi in mano. Mi chiedo perché tu non abbia studiato arte all'Università!»

Si volta, ha raccolto i capelli in una sorta di chignon assai disordinato, i suoi occhi si posano su quelle pagine e poi sul mio viso.

«Me lo domando spesso, il mio sogno sarebbe stato quello di gestire una pinacoteca, magari proprio di pittura inglese ma non volevo deludere nessuno. Sono sempre stata una ragazza tranquilla, ho sempre seguito i suggerimenti di mio padre…»

Noto una vena di malinconia.

Poi, riponendo il vecchio tomo, si avvicina e sorridendo esclama:

«Se la memoria non mi inganna avevi detto che avremmo fatto una partita a biliardo! Ma ti avviso, sono piuttosto abile detective Darren».

La guardo incamminarsi, poi si volta appena.

«Allora che fai, non vieni? Temi di essere battuto da una ragazza?»

Non dico niente, sorrido e mi limito a seguirla nell'ampia sala.

***

«Allora se vinco io dovrai rispondere alle mie domande se invece sarai tu a battermi ti assicuro che farò tutto ciò che vuoi», afferma prendendo dal tavolo una stecca e un gessetto.

Poi me ne allunga una.

«Tieni, partita classica?», mi domanda sistemando le palle nel triangolo.

«Vada per il classico».

Poi, ridendo, aggiungo:

«Lo sai che ti batterò, giusto?»

Lei solleva lo sguardo dal tavolo.

«Detective Darren, non ne sarei tanto certa», precisa.

Si sofferma a osservare il tavolo arrotolandosi le maniche del maglione.

«*Apri* tu?», mi chiede.

«Prima le signore».

Lei mi guarda.

«Come preferisci».

Prende la stecca, se la rigira tra le mani poi si avvicina all'angolo del tavolo. Strano, avrei scommesso che avrebbe tirato in linea retta. Si piega fa scorrere lentamente la stecca tra le dita e solleva appena lo sguardo incrociando il mio.

«Posso detective?», mi domanda.

Si piega di nuovo, poggia la stecca sull'indice, piedi leggermente più larghi delle spalle e con un tiro preciso e netto rompe il *castello*; guardo le palle che scivolano sul tavolo da un capo all'altro ed ecco che una va in buca.

«A quanto pare le *piene* sono mie!», enfatizza soddisfatta.

Tira di nuovo, i suoi occhi si spostano dal punto di contatto con la palla bianca a quello che sta mirando con la palla che colpirà e di nuovo con un colpo preciso ne mette in buca un'altra.

A ogni tiro mi guarda, si avvicina.

Guardo la stecca tra le sue mani che scivola lungo il suo seno, cazzo, cosa sto facendo?

Sbaglio o guardarla giocare mi provoca strane sensazioni?

Sono qui per fare il mio lavoro non per farmi sedurre da una ragazzina viziata che, devo ammettere, sa come si gioca.

Sono io adesso a tirare, con abilità ne metto in buca diverse, continuiamo a giocare.

Ci ritroviamo con due palle per lei e una per il sottoscritto.

«Allora, hai detto che se ti avessi battuto avresti risposto a tutte le mie domande...»

«Certo, ma devi battermi cara signorina Danton», mi limito a dire.

Onestamente non penso che riuscirà a imbucarle entrambe, sono in posizioni opposte, mentre la mia è in linea con la buca all'angolo.

Ecco che mi guarda, si inclina, fa scivolare la stecca tra le dita e colpisce.

Una palla va subito in buca, l'altra invece no anche se adesso con un altro tiro sarebbe semplice.

Sono ancora io a giocare, colpisco la palla certo di buttarla in buca ma invece sbaglio e passa dall'altro lato del tavolo.

Cazzo, era un tiro semplice!

Lei mi guarda, non dice nulla e si limita e imbucare la sua battendomi.

Solleva lo sguardo e soddisfatta proclama:

«Detective Darren, sbaglio o avevi detto che mi avresti battuta?»

Mi passo la mano sul mento e mi ritrovo a seguirla in cucina.

Prende il barattolino di *Häagen-Dazs* al cioccolato e ne mette un po' in un cornetto.

«Ne preparo uno anche per te?»

«No, grazie. Io solo gelato».

«Non sai cosa ti perdi, Liam».

Scrutandomi, aggiunge soddisfatta:

«Su andiamo in salotto, ho proprio voglia di fare merenda ascoltando la tua storia, detective!»

19. Clementine

Mi siedo sul comodo divano un po' datato dove con la nonna abbiamo passato tante serate estive guardando vecchi film con la portafinestra che dà sul giardino aperta e il gracidare di qualche rospo in sottofondo.

«Allora, cosa mi racconti enigmatico detective Darren?»

Solleva lo sguardo, fuori sta continuando a piovere.

«Te l'ho detto, niente di interessante».

«Eh no! Ti ho battuto a biliardo e adesso tu devi rispondere alle mie domande».

Mi guarda, sento i suoi occhi su di me.

«Pronto per il tuo interrogatorio».

Sorrido e inizio a dire:

«Hai sempre voluto fare il detective, Liam?»

«No, da bambino sognavo di fare l'allenatore di una squadra di calcio, poi il cuoco, il pompiere e addirittura volevo aprire un negozio di articoli per il Natale».

Mi metto a ridere.

«Un negozio di articoli natalizi?», ripeto.

«Sì, ammetto di amare molto il Natale e anche adesso ho un debole per quel periodo».

«Scusa ma proprio non ti ci vedo a comprare palline, addobbi e quant'altro e a fare un gigantesco albero in salotto; ti immaginavo di più come quegli uomini scontrosi e irascibili che invece lo odiano».

«Ho molti lati nascosti, signorina Danton».

Per un istante mi ritrovo a fissare quegli occhi verdi tanto profondi poi sono io a spostare lo sguardo.

«E allora cosa ti ha spinto a fare questo mestiere?»

Mi guarda e, abbassando lo sguardo, ammette:

«Mio padre...»

Fa una piccola pausa e prosegue:

«Perse da un giorno all'altro il lavoro così iniziò a bere e, come fanno in tanti, a essere violento in particolar modo con mia mamma. Io ero piccolo ma ricordo tutto. Un giorno, dopo l'ennesimo litigio, la spinse giù dalle scale e io decisi che avrei fatto qualcosa per darle una mano. Poi lui se andò di casa e da allora non ne abbiamo più saputo nulla... per noi è stato indubbiamente un grande regalo!»

Lo ascolto, quando ne parla noto una certa malinconia nel suo sguardo.

«Mi dispiace, Liam».

«Ti assicuro che con mia mamma sono sempre stato felice anche se non posso negare che non navigavamo di certo nell'oro e spesso non era semplice fare la spesa».

Si porta alla bocca un cucchiaino di gelato.

Per qualche istante nessuno parla poi sono io a domandare:

«Cambiando argomento, hai dei bambini?»

Si mette a ridere.

«No, un giorno mi piacerebbe averne ma per adesso, che io sappia, non ne ho».

Trovo i suoi occhi e lo imito ridendo.

«Non penso che alla tua ragazza piacerebbe sapere che hai dei figli illegittimi sparsi per il paese!»

«Tranquilla, non sono neanche fidanzato quindi per il momento non mi devo preoccupare di questo».

Strano, pensavo proprio che fosse sposato e che avesse addirittura dei bambini!

«Allora sono riuscito a rispondere in modo soddisfacente alle tue domande?»

«Uhm, direi che posso accontentarmi anche se non mi hai detto perché non sei fidanzato... sei semplicemente un single incallito che non vuole alcun legame oppure non ti sei ancora imbattuto nell'amore?», provo a chiedere addentando un altro pezzetto della mia prelibatezza.

Si passa la mano sul mento.

«Potrei rivolgere a te la stessa domanda, Clementine».

«No, ricordi la nostra scommessa? Sono io a fare le domande detective, non tu».

I suoi occhi mi fissano, sono io in imbarazzo ad abbassare lo sguardo.

«L'amore non è adatto al sottoscritto e...»

Un rumore ci fa sobbalzare.

Lo guardo:

«Cosa cavolo è stato?», chiedo alzandomi dal divano.

«Non ne ho idea, tu resta qua che io vado a vedere».

«Non se ne parla, vengo con te!»

Mi guarda in cagnesco:

«Clementine non fare i capricci. Fammi andare a vedere, probabilmente è solo caduto qualcosa».

Sussurrando chiedo:

«E se invece fossero dei malviventi? O il nostro uomo? Non ho proprio intenzione di restarmene qua da sola!»

«Seguimi e... mi raccomando sta' zitta».

Usciamo dal salotto, altri rumori provengono dal tinello, sono nervosa, mi chiedo se qualcuno sia davvero entrato in casa.

Ci avviciniamo alla porta, Liam si volta appena e mi sussurra ancora di non parlare poi estrae da sotto il maglione la pistola e con un colpo deciso apre la porta.

Quello che vediamo è decisamente differente da ciò che immaginavamo: alcuni piatti sono caduti dal tavolo sul pavimento rompendosi e un grosso gatto rosso sta leccando l'arrosto che avevamo preparato per cena.

Liam e io ci guardiamo mettendoci a ridere.

«A quanto pare abbiamo un ospite!», esclama.

Il gatto si avvicina e, annusandomi, inizia a fare le fusa.

«E tu da dove sei entrato? Hai fame, eh?», domando io abbassandomi a grattare il musetto del nostro amico.

«La finestra era socchiusa, dev'essersi introdotto in casa da quell'apertura», precisa Liam rispondendo alla mia domanda.

Prendo un pezzetto dell'arrosto e glielo metto in una ciotola.

«Tieni micione, continua pure a mangiare».

Mi volto e incrocio di nuovo il suo sguardo.

«Fuori ha ripreso a piovere, non possiamo di certo farlo dormire in giardino. Vado a vedere se riesco a preparargli una cuccia».

Sono sulla porta quando mi soffermo un istante a guardare Liam che sta accarezzando il nostro nuovo coinquilino.

Un sorriso spunta sulle mie labbra.

Devo ammettere che stare qua sta cominciando a piacermi: ho sempre avuto un debole per i gatti soprattutto quelli col pelo rosso, Liam non è poi così antipatico come credevo e poi Salisbury è meravigliosa.

20. Liam

Mi chino per accarezzare il simpatico gatto che, tranquillo, sta continuando a gustarsi quella che doveva essere la nostra cena.

Poco fa ho davvero pensato che qualche ladruncolo potesse essersi introdotto nella villa, sono nervoso come non mi capitava da tempo; so che mi servirebbe proprio una vacanza e invece, eccomi qua ad assecondare i capricci di questa ragazzina.

Anzi, non vedendola tornare, decido di salire di sopra. Mi chiedo cos'abbia intenzione di combinare.

Sento del tramestio, dalla porta socchiusa la vedo intenta a rufolare in un ampio armadio.

«Sei riuscita a scovare qualcosa per il nostro amico?», le domando.

Senza voltarsi, dice:

«Ho tutto ciò che serve per una cuccia accogliente, però dovresti aiutarmi ad arrivare a quella cesta...»

Poi precisa:

«Proprio quella sulla mensola in alto».

Mi avvicino e provo ad allungarmi ma non riesco ad afferrarla.

«Dovrei salire su una scala... ne hai una?»

«Dovrebbe essere nella rimessa nel parco ma con questa pioggia non ti suggerisco di uscire. Penso che, invece, salendo sullo sgabello che è nello studio, dovrei arrivarci pure io senza problemi».

Poi mi chiede:

«Saresti tanto gentile da portarlo qua?»

La guardo.
«Fatta la cuccia al micio ricomincio a lavorare, quindi vedi di non combinare pasticci!»
Dopo alcuni istanti torno con il vecchio sgabello.
Lo avvicina all'armadio e, togliendosi le *Converse*, la guardo salire su di esso.
Porta dei ridicoli calzini tutti glitter e ciambelle colorate.
«Complimenti per le calze! Davvero deliziose!», non posso fare a meno di dire.
Lei, guardandomi appena, di rimando ribatte:
«Perché tu lo sappia: nel mio cassetto non ne vedrai un solo paio in tinta unita!»
Si allunga sulle punte dei piedi, con la mano riesce ad acciuffare la cesta in vimini quando, sbilanciandosi, sta per cadere.
Lo sgabello si rovescia, io mi protendo subito per trattenerla per i fianchi. Sospinto dal suo peso indietreggio lievemente.
Quando sollevo lo sguardo mi ritrovo con le labbra a un passo dalle sue. Avverto il suo respiro sul mio viso e le sue mani che mi stringono le spalle.
I nostri occhi si incrociano, respiro l'aroma ormai familiare del suo shampoo.
Praticamente sulla mia bocca e senza spostarsi affatto dichiara:
«Grazie davvero, se non mi avessi afferrato a quest'ora avrei già un bernoccolo in testa e probabilmente mi sarei anche fatta una distorsione alla caviglia».
Continua a fissarmi, si mordicchia il labbro e cazzo, avverto una strana sensazione.
Sono io a spostarla leggermente, perché quello che ho provato per un istante è quanto di più sbagliato possa fare.

«Vado a rivedere alcune cose e poi devo anche fare diverse telefonate. Non combinare altri pasticci e cerca di restare tutta intera», le consiglio uscendo dalla stanza.

Alle mie spalle sento:

«Detective Darren, sto cominciando a rivalutarti».

Mi volto.

«Mi auguro in meglio».

Sfoderando un sorriso, che è un misto tra il dolce e il sensuale, puntualizza:

«Quello non te lo dirò di certo Liam, sta a te scoprire cosa penso!»

Mi incammino nella mia camera, devo assolutamente lavorare e smettere di pensare a quelle labbra color pesca.

Prendo il portatile e mi ritrovo ancora a rileggere la scheda del loro fidato legale.

È un uomo affidabile, preciso e meticoloso nel lavoro, dalle sue mani passano tutti i contratti della Danton Hotels, conosce ogni singolo dettaglio economico e ha accesso a ogni conto.

Sulla carta e da un profilo attento potrebbe anche essere il nostro uomo anche se non riesco a capire perché dovrebbe avercela tanto con i Danton.

Qualcosa in lui però non mi convince affatto...

Forse potrebbe essere per un senso di rivalsa? O per quella cara e antica gelosia?

Sto ancora lavorando quando sento bussare.

Alzo lo sguardo e sulla porta della mia stanza vedo Clementine con il nostro ospite.

«Volevo preparare dei pancakes... vieni con noi?»

Sorridendo, aggiunge:

«Ti volevo dire che ho dato un nome al gatto!»

Sollevo lo sguardo dal portatile:

«Non avevi detto che sarebbe restato solo per ripararsi dal temporale?»

«Forse potrebbe aver piacere a rimanere qui con noi, non ci darà alcun fastidio».

Poi, prendendo in braccio il gatto, continua:

«Constable è proprio un gattone dolce e simpatico».

La guardo ripetendo:

«Constable?»

«Certo, poco fa si era seduto proprio su un tomo di pittura inglese di Constable, ho immaginato che dovesse piacergli molto».

Seguendola per le scale non posso fare a meno di sorridere.

21. Clementine

Accidenti, quando poco fa gli sono letteralmente caduta tra le braccia e mi sono trovata a un passo dalla sua bocca, ho pensato che mi avrebbe anche potuto baciare.

E non mi sarebbe dispiaciuto affatto!

Se prima il detective mi sembrava solo scortese e arrogante adesso invece inizia a piacermi e soprattutto, penso di sentirmi attratta da lui come non mi era mai capitato con nessuno.

O forse no... in passato avevo completamente perso la testa proprio per Alvin, il nostro affidabile legale, che adesso invece, a detta di Liam, potrebbe anche essere il nostro soggetto ignoto.

«Non ti pare un tantino alternativo fare adesso dei pancakes? Io proporrei invece di preparare la cena», dichiara Liam sedendosi al tavolo della cucina e distogliendomi da questi ragionamenti.

Dopo un istante Constable gli salta sulle cosce reclamando qualche attenzione.

«Non vedi che vuole che tu lo accarezzi?», lo rimprovero io cominciando a mescolare l'impasto per i dolcetti.

«Senti, diciamo che io sono più tipo da cane. I gatti non mi piacciono molto, sono per lo più degli opportunisti! E immagino che il tuo Constable non sia diverso dai suoi avi».

Alzo lo sguardo dalla pirofila e, incrociando i suoi occhi, intervengo:

«Mi dispiace ma non la penso come te; i gatti sanno essere dolci e premurosi proprio come i cani solo che amano la loro indipendenza».

Poi, senza smettere di fissarlo, aggiungo:

«Cambierai idea anche su questo, ne sono certa».

Sto cominciando a cuocere i pancakes quando mi chiede:

«Scusa, su cosa dovrei pensarla in modo diverso oltre che sul gatto?»

«Ovvio: sulla sottoscritta. Mi credi solo una ragazzina viziata che senza muovere un dito ha sempre avuto tutto ciò che desiderava e in parte non posso darti torto, ma ti assicuro che non sono solo questo. Mi guarderai con occhi diversi».

Vedo spuntare sulle sue labbra quel lieve sorriso sghembo tanto sensuale.

«È una sorta di scommessa la tua, signorina Danton?»

Mi avvicino, sento i suoi occhi fissi sul mio viso e so solo che vorrei sentire la sua bocca sulla mia.

«No, mi dispiace Liam non voglio assolutamente scommettere con te, ho semplicemente detto che cambierai idea sui gatti e... sulla sottoscritta».

Per un istante restiamo lì, le mie mani appoggiate al tavolo, i nostri occhi che non sembrano volersi spostare gli uni da quelli dell'altro.

«Dovresti dare un'occhiata ai tuoi pancakes», mi ricorda iniziando ad accarezzare Constable.

Seguo il suo suggerimento e torno al mio impasto che ha deciso di restare appiccicato alla padella.

«Cavolo, avrei dovuto usarne una antiaderente. E poi, preferisco di gran lunga il piano a induzione per cucinare!»

Metto la pentola sotto il getto dell'acqua e, scegliendone un'altra, mi rimetto a cuocere il mio delizioso spuntino.

Alle mie spalle sento:

«Se riesci a non tenere in ostaggio l'intero piano da lavoro, inizierei a preparare degli spaghetti al salmone. Le tue abilità in cucina per il momento non mi convincono granché!»

Mi volto appena e noto di nuovo quel sorriso furbo.

«Vieni pure, ti assicuro che per il momento non ho mai mangiato nessuno, figuriamoci poi un aitante quanto suscettibile detective scozzese!», rispondo di rimando.

Si alza dalla sedia, Constable dalle sue cosce passa sul tavolo per poter osservare con attenzione quello che stiamo facendo.

Liam dalla dispensa inizia a sistemare con meticolosità gli ingredienti sul piano da lavoro.

Io, nel frattempo, sistemo i miei gustosi pancakes sul piatto aggiungendo dello sciroppo d'acero e mi siedo al tavolo in compagnia del gatto.

«Ne vuoi uno?», domando portandomi alla bocca il mio squisito manicaretto.

Senza spostare lo sguardo dalla padella dove sta rosolando il salmone, risponde:

«Ti ringrazio, ma preferisco il salato».

Non aggiungo altro, mi soffermo a guardarlo e devo proprio ammettere che in cucina si muove con una certa abilità.

Un uomo che sa cucinare è quantomai affascinante!

Ma che sto dicendo?

A quanto pare i miei ormoni devono essere letteralmente impazziti!

Non avrei di certo immaginato di sentirmi attratta da lui, so che non siamo qua per giocare ma non ho intenzione di continuare a fare solo ciò che gli altri si aspetterebbero dalla sottoscritta.

Sono sempre stata responsabile, non ho mai fatto cazzate, sono sempre stata la classica ragazza affidabile, ma Liam sta cominciando a piacermi davvero e io non ho intenzione di starmene qui con le mani in mano.

Ho deciso, anche se potrebbe sembrare sbagliato, una pazzia… proverò a farlo innamorare.

Come dice sempre la nonna: “Se un uomo ti piace davvero, non fartelo scappare”.

22. Liam

Sono seduto al tavolo della cucina di un'incantevole villa nelle campagne inglesi del Wiltshire con un curioso gatto rosso che sembra solo intenzionato a infastidirmi reclamando cibo e carezze e con una ragazzina capricciosa che fa di tutto per stuzzicarmi.

«Non vuoi assaggiare un po' di pasta? Guarda che sono un cuoco eccellente!»

Mi scruta portandosi alla bocca l'ennesimo pancake.

«Penso proprio che per stasera proseguirò con questa cena alternativa», replica lei.

Constable mi salta di nuovo sulle cosce.

«Scendi, non hai ancora capito che i mici non mi piacciono?», ribadisco guardando gli occhi verdi del nostro coinquilino.

Cavolo, adesso mi ritrovo pure a parlare con un gatto!

«Non hai ancora capito che sei il suo preferito? Constable vorrebbe che fossi tu il suo padrone. I gatti lo fanno, vuole te...»

Per un istante i miei occhi restano fissi nei suoi, avverto qualcosa, una strana sensazione che mi fa sentire attratto da lei.

Se non fossimo qua, e lei fosse solo una ragazza conosciuta in un locale della City, l'avrei portata a casa mia... ma lei è Clementine Danton, figlia del noto proprietario della omonima catena alberghiera di lusso e io sono il detective che deve garantire la sua sicurezza.

«Se smettesse di piovere mi piacerebbe sistemare il giardino, ti andrebbe di darmi una mano?», mi domanda.

Incrocio il suo sguardo e, anche se so già che farà di tutto per farmi impazzire, mi sento pronunciare:

«Ti aiuterò, ma ti ricordo che avrei da fare anche altre cose».

Proseguiamo a mangiare, Clementine continua a parlare di piante di ortensie, alberi da potare, fontane da ripristinare e vasi da sostituire.

«Davvero non vuoi assaggiare i miei pancakes? Sono un'autentica delizia e potrebbero riuscire ad addolcire anche un uomo rude come te», dichiara protendendo il suo cucchiaino verso le mie labbra.

«Dai, altrimenti mi ritengo offesa!», puntualizza mettendo un ghigno.

Avvicina ancora la posata alla mia bocca, i suoi occhi fissi nei miei, avverto di nuovo quella strana sensazione e mi ritrovo così ad addentare il dolcetto.

Clementine smettila di provocarmi... sei solo una ragazzina viziata che sta facendo di tutto per sedurmi, penso assaporando il gustoso dessert.

«Allora, è o no il più delizioso pancakes che tu abbia assaggiato?»

«Devo ammettere che è davvero appetitoso», mi limito a dire alzandomi e cominciando a sistemare le stoviglie nella lavapiatti.

«No, faccio io, tu va' pure a lavorare, devi acciuffare i cattivi, ricordi?», mi rammenta avvicinandosi ancora e intrappolandomi così tra il bancone e il mobile della cucina.

Ancora un passo, noto che ha una macchia di sciroppo d'acero sulla bocca. Protendo la mano e con il pollice le sfioro le labbra, al mio tocco i suoi occhi si posano ancora nei miei. Restiamo così per qualche istante di troppo, il solo contatto del mio dito su di lei mi sta facendo impazzire.

Poi, con naturalezza, porta la mano sul mio viso senza smettere di fissarmi.

Si avvicina ancora, tanto che adesso avverto il suo respiro sulla mia bocca quando un rumore ci fa sobbalzare.

Constable, salendo sul tavolo, ha fatto cadere l'ennesimo piatto!

«Sei il gatto più pasticcione che potevamo incontrare», sostiene lei chinandosi a raccogliere i cocci.

«Se continua così distruggerà tutti i servizi di stoviglie di tua nonna», chiarisco dandole una mano.

In silenzio, aziono la lavapiatti.

«Vado a lavorare, buonanotte».

Poi sulla porta aggiungo.

«Passo a dare un'occhiata in giro più tardi».

«Io, invece, penso proprio che mi metterò a leggere qualcosa cullata dal rumore del temporale. Buonanotte, Liam».

Mi volto e mi incammino su per le scale.

Nonostante sappia che tutto questo è assurdo e sbagliato, avverto l'irrefrenabile impulso di assaporare le sue labbra.

Socchiudo gli occhi ripetendomi di stare alla larga da Miss Danton.

23. Clementine

Sono sdraiata sul divano, fuori sta continuando a piovere e io sto rileggendo *Il giardino segreto* di Burnett.

È uno di quei classici che potrei leggere e rileggere senza mai annoiarmi, forse perché quel giardino tanto caro a Mary mi ha sempre ricordato questo di Rose Hill.

Non riesco tuttavia a mantenere l'attenzione perché la mia mente non sembra accantonare, anche solo per un attimo, l'immagine di quegli occhi verdi tanto intensi che indugiano sul mio viso e che sembrano riuscire a leggere le mie sensazioni.

Quando ho incontrato nello studio del Danton Hotel di Piccadilly il misterioso detective Darren non avrei di certo immaginato che ne sarei rimasta affascinata tanto da sentirmi attratta da lui.

E, anche se non lo ammetterebbe mai, so che lui prova la stessa cosa.

Constable, giunto dalla cucina con aria soddisfatta, salta sul divano e si acciambella ai miei piedi.

Allungo distrattamente la mano accarezzando il morbido pelo. Il gatto alza il musetto, io lo guardo e gli sussurro:

«Lo so, piace anche te, ma a quanto pare il nostro detective vuole mantenere un certo distacco».

Poi, proseguendo a gratticchiarlo, aggiungo:

«Ma gli faremo cambiare idea...»

Continuo a leggere, avrei tanta voglia di fare una chiacchierata con Kim così prendo il cellulare che Liam mi ha suggerito di utilizzare con cautela e digito il numero della mia amica.

Dopo alcuni squilli sento:

«Pronto, con chi parlo?»

«Ehi, sono io».

«Clemmy, mi hai fatto stare in pensiero. Ho provato a telefonarti ma mi ha risposto Robert e mi ha detto che appena potevi mi avresti richiamato. Allora, cosa stai combinando? Sei ancora a Londra?»

Vorrei poterle dire che in realtà sono nella vecchia tenuta di Rose Hill a Salisbury con il sexy detective Darren ma non posso.

Così mi limito a dichiarare:

«Sì, sono a casa, per qualche tempo dovrò restare a Londra. Tu, piuttosto?»

Dall'altro lato del telefono sento alcune risa:

«Scusa ma sono a una festa e la linea è disturbata. Diciamo che qui è tutto tranquillo, le solite cose. E tu invece cosa mi dici del tuo bodyguard estremamente affascinante?»

Guardo l'ora, non posso fare telefonate che potrebbero essere intercettate così concludo:

«Scusa ma devo riattaccare, mi ha fatto piacere sentirti. Ti abbraccio».

«Clemmy di' al tuo detective di darsi una mossa e di farti tornare a Stirling… ti voglio bene amica mia».

Sorridendo rispondo:

«Ti voglio bene pure io, Kim».

Con il rumore della festa in sottofondo chiudo la chiamata.

Riprendo a leggere, Constable si è addormentato sopra ai miei piedi, mi soffermo un istante a guardare il simpatico micio quando sento:

«Pensavo che fossi già a letto… ho dato un'occhiata in giro, è tutto tranquillo solo qualche rospo che è uscito con la pioggia».

Mi volto appena e lo vedo appoggiato alla porta.

«Scusa ma chi dovrebbe esserci nel parco oltre a qualche rospo in sovrappeso e qualche gufo?», replico io incrociando i suoi occhi.

Si passa la mano sul mento e, avvicinandosi, ammette:

«Deformazione professionale! Piuttosto io vado a dormire, buonanotte Clementine».

Poi, aggiunge:

«Vedo che qualcuno ha deciso di condividere con te il divano!»

Allunga la mano per accarezzare appena Constable poi posa di nuovo il suo sguardo sul mio viso:

«Dovresti andare a letto».

«Leggo un altro po' e poi ti assicuro che vado a dormire. Buonanotte, Liam».

Si volta ed esce, potrei scommettere che sta sorridendo.

Guardo il mio amico e sussurro:

«Gli faremo cambiare idea, puoi scommetterci!»

24. Liam

Ho continuato a rileggere il dossier della Danton, soprattutto sto rivedendo tutti quei soggetti che per una ragione o un'altra si sono allontanati dalla lussuosa catena alberghiera.

Solo alcuni sono stati licenziati: una cameriera per furto, un aiuto-cuoco, una segretaria e un avvocato, ma a quanto vedo tutti al momento lavorano altrove.

L'aiuto-cuoco addirittura è impiegato in un resort in qualche isola tropicale quindi lo escluderei di certo!

Chiudo il portatile e provo a dormire ma, non riuscendoci, decido di scendere di sotto, magari potrò fare qualche parola col gatto.

Vado in cucina, non ho fame ma addento ugualmente uno di quei gustosi cookies al cioccolato e granella di cocco che Clementine ha insistito per comprare da *Tesco* e assaporo una spremuta d'arancia. Dopo questo spuntino, sperando di riuscire a dormire, decido di tornare nella mia stanza ma noto la luce ancora accesa nel salotto.

La signorina Danton di certo si sarà scordata di spegnerla quando ha deciso di andare a letto.

Distrattamente entro nel salottino quando, appisolata sul divano col libro appoggiato sul ventre e Constable accoccolato sopra ai suoi piedi, vedo Clementine.

Mi avvicino piano facendo attenzione a non fare rumore e mi ritrovo a guardarla: i lunghi capelli castani sciolti che le scendono lungo la schiena, un leggero plaid sulle cosce e una vecchia copia del *Giardino segreto* tra le mani.

I lineamenti del viso sono delicati senza un filo di trucco, il petto si solleva ritmicamente a ogni suo respiro. Devo ammettere che Miss Danton è una ragazza davvero incantevole, diverse dalle solite donne che si incontrano in giro per la City o in qualche locale alla moda.

Lei è un misto di dolcezza e ingenuità con quella punta di sensualità che la rende attraente.

Ma che dico? Possibile che dalla nostra passeggiata in paese e da quella assurda partita a biliardo mi senta attirato da lei come se fossi una calamita? Non posso mescolare il lavoro con altro: sono qui solo per garantire la sua sicurezza; quando arriveremo al soggetto ignoto torneremo a Londra e riprenderemo la nostra quotidianità: io al lavoro tra i criminali e lei nella sua lussuosa normalità fatta di eventi mondani e jet privati.

Devo assolutamente togliermi dalla mente il modo in cui mi guarda, quegli occhi profondi che riescono a mettere a nudo le mie sensazioni.

Eppure, anche adesso, avverto l'impulso di sfiorarle le labbra.

Il gatto, vedendomi, si sposta appena proseguendo così a dormire.

Io mi avvicino e con delicatezza la sollevo.

La stringo dolcemente, con una mano le cingo i fianchi e con l'altra la schiena. Lei senza svegliarsi appoggia il viso sulla mia spalla. Sento il suo respiro sul mio viso, l'aroma del suo shampoo è ormai familiare.

Salgo le scale e facendo attenzione a non svegliarla la distendo sul letto. Le tolgo le comode pantofole e, sorridendo, scruto quei suoi ridicoli calzini sui quali adesso svettano delle renne e degli orsetti rosa.

Poi mi protendo leggermente su di lei e con la mano le sfioro la guancia:

«Buonanotte, principessa».

Mi volto e mi incammino nella mia camera.

Sto per andare a letto quando Constable sbuca dalla porta socchiusa.

«E tu cosa vuoi adesso?»

Il gatto si avvicina e con un salto me lo ritrovo sulla trapunta.

Mi guarda e, strusciando la coda alla mia mano, si stende sul letto.

«Solo per stasera, Constable», lo avverto sistemando la morbida coperta.

Mi passo la mano sul viso.

Cavolo, adesso mi ritrovo pure a parlare con un grosso gatto rosso e a condividere il mio king size con lui!

Sorridendo, mi volto dandogli le spalle.

25. Clementine

Quando mi sveglio mi ritrovo ancora vestita nel mio letto. Mi ricordo che stavo leggendo giù in salotto in compagnia del gatto quando devo essermi addormentata.

Di certo non sono stata io a trasferirmi nella mia stanza, probabilmente è stato Liam a portarmi a letto.

Vorrei alzarmi ma non è ancora giorno così opto per restare ancora un po' a letto.

Prendo il cellulare e connettendomi a Google mi ritrovo a digitare il nome del nostro detective.

Si aprono subito molti articoli su di lui, mi metto a leggere: nato a Dornoch, ha la stessa età di Robert, ha studiato a Inverness per poi trasferirsi a Londra dove ha conseguito un master in criminologia, a quanto pare è stato a capo della squadra dell'antidroga di Liverpool riuscendo a ottenere numerosi riconoscimenti dalla National Crime Agency.

Ecco che l'occhio mi cade poi su un altro articolo di un paio di anni fa, a quanto pare Liam rimase immischiato in una sparatoria proprio nei pressi della sua abitazione dove viveva con la fidanzata.

Sembrerebbe che per proteggere la ragazza rimase lievemente ferito.

Accidenti, non immaginavo che nonostante la sua età fosse tra i migliori detective del paese.

Mi chiedo come sia andata la storia con quella ragazza, indubbiamente immagino che non sia semplice stare con un uomo che passa le giornate tra malviventi e sparatorie.

Dalla porta rimasta socchiusa vedo entrare Constable che con un leggiadro salto atterra sul mio letto.

«Buongiorno, sei venuto a ricordarmi che è l'ora di alzarsi?», domando al micio accarezzandogli la schiena ricurva.

«Adesso mi alzo, andiamo a mangiare qualcosa e cerchiamo il nostro sexy detective».

Il gatto, come se avesse capito quanto gli ho appena detto, struscia la morbida coda contro la mia gamba.

Vado in bagno per una doccia rivitalizzante e, messi i miei comodi leggings e una maglia, scendo di sotto.

Lo trovo in cucina, portatile aperto e tazza del caffè in mano. Nella stanza si percepisce l'aroma della moka appena fatta, non deve essersi accorto della mia presenza quando, avvicinandomi, esclamo alle sue spalle:

«Mattiniero a quanto vedo!»

Si volta di scatto.

«Buongiorno, non ti ho sentito scendere. Mi alzo spesso presto per lavorare ma stamattina è stato qualcun altro a svegliarmi: il tuo amico mi è piombato letteralmente in faccia per reclamare la colazione!»

Mi metto a ridere. Spostando lo sguardo sul simpatico felino, e prendendo dal frigo il cartone del latte, gli domando indicando la tazzina:

«È il primo?»

Solleva appena lo sguardo dal pc.

«In verità è già il quarto, anche se potremmo considerarne appena uno e mezzo se fosse un *americano*».

Poggio sul tavolo un piatto con i cookies al cioccolato con granella di cocco e i miei fedeli *Weetabix*.

«Sembrerebbe proprio la giornata adatta per sistemare un po' il parco, ha smesso di piovere e le temperature stamattina non sono poi così rigide», la butto lì io addentando uno di quei gustosi dolcetti.

Spegne il portatile e mi guarda di sottecchi.

«Pensi che potrei dirti cortesemente che: "No, ho altro da fare e che il giardinaggio non rientra tra le mie passioni?"»

Lo osservo da sopra la mia tazza.

«Potresti... anche se penso che invece mi darai una mano».

Per un istante non dice niente, mi guarda al di sopra della tazzina di caffè e un lieve sorriso affiora sulle sue labbra.

Faccio colazione ritrovandomi come una scema a fissare il suo profilo, vorrei scoprire davvero quali sensazioni si scatenerebbero in me se mi baciasse.

«Salgo a prendere il piumino», dichiara interrompendo i miei pensieri.

«Perché, devi andare da qualche parte?»

Si volta sulla porta della cucina.

«Penso che fuori le temperature non siano ancora primaverili e poi, mi sembra di ricordare che qualcuno poco fa mi aveva chiesto una mano per ripulire il giardino».

«Sbaglio o avevi detto che il giardinaggio non rientra tra le tue passioni?», lo provoco io.

«Dammi retta, infilati un giaccone prima che cambi idea».

***

Soddisfatta guardo il sentiero, completamente ripulito, che conduce al mio "giardino segreto".

«Direi che abbiamo fatto un lavoro di tutto rispetto», affermo aggiungendo del terriccio universale nei grossi vasi di terracotta sperando che così, dopo un'accurata potatura, le ortensie si riprendano un po'.

«Ricordo che quando venivo qua d'estate questo viale era un tripudio di colori, la nonna si svegliava sempre presto per sistemare con tanta passione e amore le sue meravigliose piante», proseguo io asciugandomi con la manica della giacca il viso imperlato di sudore.

«Immagino che mantenere ordinato questo parco richieda una continua manutenzione».

I suoi occhi mi fissano, accidenti quel suo sguardo tanto intenso mi stordisce.

«Che ne pensi se arrivassimo alla vecchia torre dell'orologio? È proprio in cima alla salita e lì accanto vi è il cancello che conduce nel giardino all'italiana. Vedrai, ti piacerà, è magico».

Si avvicina e porta la mano sulla mia guancia. Al suo tocco una scossa mi percorre la schiena.

«Avevi del terriccio sul viso».

Poi, spostando lo sguardo dal mio viso al viale delle ortensie, proclama:

«Andiamo, anche se immagino che quel tuo angolo richieda pure lui una sistematina».

Si incammina, io per un istante resto lì, con un leggero vento che mi scompiglia i capelli a osservarlo.

Si volta appena.

«Che fai adesso, sei rimasta incantata? Guarda che non ho la minima intenzione di portarti in braccio, quindi alza i tacchi».

Mi allungo per afferrare la sua mano.

«Eccomi, anche se un passaggio in braccio, non lo avrei disdegnato».

Lo guardo, mi guarda, e ci mettiamo a ridere.

26. Liam

Che strano, sono venuto qui per garantire la sicurezza di quella che ai miei occhi era solo una ragazzina ricca e capricciosa, e invece adesso devo ammettere che con lei riesco ad avvertire quella spensieratezza che non ricordavo neanche potessi provare.

La salita è abbastanza ripida.

Arrivati alla vecchia torre, Clementine si china leggermente come a riprendersi dalla camminata.

«Mi ero scordata di quanto fosse irta questa salita o forse sono semplicemente io che sono fuori allenamento», ammette.

La guardo, le guance lievemente arrossate, i lunghi capelli che le scivolano sulla schiena scompigliati dal vento; è davvero incantevole, così naturale, dolce e al contempo sexy in quella sua ancora acerba sensualità.

Ma che sto dicendo? Possibile che da qualche giorno a questa parte veda la giovane figlia di una delle più prestigiose famiglie di Londra con occhi differenti?

«Ecco il cancello, la magnolia lo ha in parte ricoperto ma tagliando qualche ramo qua e là dovremmo riuscire ad aprirlo», suggerisce lei distogliendomi dai miei pensieri.

Prendo dalla tasca dei jeans le cesoie e, seguendo le sue indicazioni, inizio a potare la pianta per permetterci l'accesso a quello che Clementine, con occhi sognanti, definisce il suo giardino segreto.

«Dovrebbe essere sufficiente… aspetta, ho portato la chiave, tieni».

Me la porge. Per una frazione di secondo le nostre mani si sfiorano quasi impercettibilmente e io avverto l'impulso di trattenerla.

La vecchia serratura è piuttosto arrugginita ma con un po' di pazienza riesco a farla scattare.

Si avvicina e a fatica sospinge il vecchio cancello, la vedo addentrarsi in quel passaggio.

«Vieni, che stai aspettando?»

La seguo e quello che i miei occhi vedono è davvero spettacolare: alberi di limoni delimitano un viale dove qua e là tra le aiuole, adesso incolte, spuntano delle vasche con giochi d'acqua ancora attivi e ninfee acquatiche di un rosa fucsia meraviglioso.

Mi soffermo a osservare questo magico angolo e adesso inizio a capire di cosa stesse parlando Clementine, del perché fosse tanto innamorata di questo luogo.

«Seguimi, proseguiamo fino alla fontana di Afrodite», mi esorta lei prendendomi per mano.

Per un istante le nostre dita sono intrecciate, e non posso fare a meno di domandarmi come sarebbe sentire quelle mani su di me.

Di colpo la ritraggo, non posso e non devo assolutamente farmi ammaliare da questa ragazza.

Proseguiamo a camminare, arriviamo alla fontana di cui mi accennava: una grande vasca con zampilli d'acqua e una cascata. Non si avvertono altri rumori, o suoni, se non lo scosciare dell'acqua e il soffiare del vento tra gli alberi.

«Qui è rimasto tutto come allora, se non fosse per quelle aiuole direi che qualcuno ha continuato a fare manutenzione...»

Mi volto, noto delle nubi che stanno scendendo giù, probabilmente riprenderà a piovere dopo questa parentesi di clima mite.

«Direi di rientrare, non vorrei che si scatenasse di nuovo un temporale».

Lei si volta e avvicinandosi in maniera alquanto pericolosa per il sottoscritto, dichiara:

«A quanto vedo detective non ami neppure la pioggia, mi domando se da qualche parte ci sia qualcosa che ti piace».

Fisso quegli occhi castani dorati che sembrano non volersi spostare dai miei, come se facesse di tutto con i suoi giochi di parole per provocarmi.

«Non è come dici, la pioggia mi piace, ma per oggi preferirei non fare un'altra doccia…»

Sorride.

«Ai suoi ordini detective», si limita a sussurrare.

***

Siamo in casa. Il gatto, rimasto da solo, ne ha approfittato per distruggere un sofisticato vassoio di porcellana.

«Questo animale non fa altro che combinare disastri, penso proprio che su di lui non riuscirò a cambiare idea».

Nel momento stesso in cui enuncio questo mi rendo conto che le ho servito l'ennesima provocazione su di un piatto d'argento.

Difatti non aspetta altro per precisare:

«Stai, forse, ammettendo che sulla sottoscritta invece hai già modificato la tua opinione?»

La guardo.

«Mi avvalgo della facoltà di non rispondere, signorina Danton».

Si alza, i suoi occhi indugiano sul mio viso e con quel solito sorriso seducente sussurra:

«Cambierai idea, ne sono certa, Liam».

I nostri occhi sembrano non volersi spostare gli uni da quelli dell'altra, lei fa un altro passo, riesco a sentire il suo respiro sul mento.

«Clementine spostati, quello che stai facendo è sbagliato», provo a dire anche se la mia mente pensa tutto l'opposto.

«E cosa sto facendo Liam, dimmelo tu perché io non lo so», sussurra.

Si protende ancora, posa una mano sulla mia t-shirt senza abbassare lo sguardo.

Le mie dita le sfiorano la guancia disegnando dei cerchi, poi con la mano libera la sospingo appena, le nostre labbra stanno per sfiorarsi quando il suono del mio cellulare mi riporta a seguire la parte razionale.

Dall'altro lato del telefono la voce del commissario Richsalton esclama:

«Darren, il nostro soggetto ha cominciato la sua escalation: ha messo dell'esplosivo sotto l'auto del fratello della signorina Clementine. Tranquillo, nessuno è rimasto ferito. Mi raccomando, non perdere d'occhio miss Danton… non so per quanto riusciremo a non far trapelare il vostro nuovo recapito».

Mi guarda con fare interrogativo.

«Dimmi che a Londra stanno tutti bene».

27. Clementine

Respiro, cerco di mantenere la calma aspettando che Liam concluda la telefonata di lavoro.

«Dimmi che a Londra stanno tutti bene», dichiaro appena riaggancia il telefono.

I suoi occhi mi scrutano.

«Stai tranquilla non è accaduto niente o meglio nessuno si è fatto male».

«Cosa vorresti dire?»

«Qualcuno ha messo dell'esplosivo sotto l'auto di tuo fratello ma qualcosa, per nostra fortuna, non ha funzionato e non c'è stata alcuna esplosione. Tuo fratello se ne è reso conto rientrando a casa, ovviamente i nostri uomini hanno immediatamente messo in sicurezza la sua Lexus».

Non posso credere che qualcuno potesse davvero arrivare a tanto, non voglio neppure immaginare cosa sarebbe potuto accadere se quell'aggeggio fosse esploso come avrebbe dovuto.

Sono agitata, non riesco a togliermi dalla testa tutto questo.

Liam si avvicina e mi posa una mano sulla schiena.

«So che queste cose fanno stare in ansia ma a tuo fratello non è accaduto niente. Il capo ha già messo alcuni dei nostri ragazzi a pattugliare sia la vostra villa a Kensington che la Danton Hotels e pure sotto casa di Robert. Puoi stare tranquilla Clementine…»

Fisso i suoi occhi, vorrei riuscire a fidarmi di quanto mi ha appena detto ma non ci riesco.

«Liam, ogni giorno si legge sui giornali di qualche aggressione, omicidi e quant'altro. Qualcosa può anche sfuggirvi...»

Non mi fa proseguire.

«Non ci sfuggirà niente, te lo prometto Clementine».

Fisso quei suoi occhi verdi tanto profondi.

«Non dovresti promettere ciò che non puoi mantenere, non te l'hanno insegnato da piccolo?»

Lui si avvicina un altro po' annullando quasi il poco spazio rimasto a separarci.

«Ho sempre mantenuto le mie promesse, sempre».

Per un istante rimaniamo lì, i suoi occhi nei miei, la sua mano che mi accarezza delicata la schiena.

È lui a spostarsi, ad allontanarsi.

«Preparo qualcosa da mangiare... a stomaco vuoto non si riesce di certo a ragionare».

Lo seguo in cucina, lo osservo destreggiarsi con una certa abilità tra le varie pentole.

«Stasera potrai assaporare il famoso salmone alla Darren, è una specialità che in pochi hanno il privilegio di poter assaporare», mi informa ridendo senza spostare lo sguardo dalla terrina in cui sta impanando il pesce.

Lo guardo tagliare a fettine un limone che è andato a prendere in giardino e sistemarle nella pirofila.

Poi adagia i tranci di salmone, accuratamente impanati con una pastella, sopra le fettine del limone e mette tutto a cuocere.

«Sei abile in cucina», affermo io.

Si volta.

«Spero solo che ti piaccia, di certo non è insipido come quel tuo orrendo agglomerato integrale che ti ostini a mangiare a colazione!»

Rido.
«Gli *Weetabix* proprio non li sopporti», puntualizzo io.

Siamo seduti al tavolo della cucina. Constable, sentendo l'odore del pesce, gironzola tra i nostri piedi reclamando pure lui la sua porzione.
«Allora, aspetto il tuo parere signorina Danton!», esclama Liam guardandomi assaggiare il piatto che ha appena preparato.
«È delizioso, non ho mai mangiato un salmone tanto appetitoso!»
Soddisfatto interviene:
«Adesso posso anche rivelarlo ma, mi raccomando, non dirlo a nessuno».
Poi aggiunge:
«Si tratta della specialità della casa!»
Mi metto a ridere.
Continuiamo a mangiare, Liam cerca di farmi ridere, di non farmi pensare al nostro soggetto ignoto.
Dopo cena, lui si prepara il consueto caffè.
«Non ti chiedo neppure a quanti ne sei arrivato oggi!»
Lui, da sopra la tazzina, ammette:
«Non ne ho idea...»
Resto ancora un po' in cucina, gli do una mano a sistemare i piatti nella lavastoviglie e poi opto per andare a dormire.
«Sono esausta, vado a letto. Buonanotte, Liam».
Mi segue su per le scale, non dice nulla, poi sulla porta della mia stanza si avvicina.
«Buonanotte, per qualsiasi cosa sai dove trovarmi».
Fisso ancora un istante quegli occhi profondi e mi chiudo la porta alle spalle.

***

Sto camminando, le strade della città sono gremite come al solito. Inizia a piovere così allungo il passo quando una mano mi trattiene. Mi volto pensando che sia Robert o Liam ma invece non è nessuno di loro: un uomo di cui non riesco a vedere il volto mi stringe il polso.

"Era da un po' che aspettavo di poter mettere le mie mani su di te, signorina Danton".

Mi sveglio di soprassalto gridando.

In un istante la porta della mia camera si apre, Liam con la pistola in mano si avvicina guardandomi.

«Cosa, cazzo, è successo? Stavo dormendo quando ti ho sentito urlare. Ho pensato che qualcuno fosse entrato in casa!», esclama.

Sento delle lacrime rigarmi le guance.

«Non è niente...»

Si siede sul letto ad ascoltare quanto abbia da raccontargli.

«Stai tranquilla, probabilmente sei soltanto rimasta agitata dall'episodio dell'esplosivo. Su, vieni con me in cucina che ti preparo una camomilla».

Mi alzo e faccio quanto mi ha detto.

Lo guardo prepararmi l'infuso rilassante, continua a ripetermi che devo solo farmi una sana e rigenerante dormita.

«Adesso torniamo a letto, dobbiamo riposare se vuoi sistemare il tuo amato giardino».

Siamo di nuovo sulla porta della mia stanza quando mi sento pronunciare:

«Per favore, stanotte non penso di riuscire a dormire da sola...»

Poi, aggiungo:

«Fammi restare con te».

Per un attimo non replica, sento i suoi occhi fissi nei miei.

«Se vuoi posso dormire tranquillamente sul tappeto in camera tua», prova a dire.

Mi avvicino e con un sussurro preciso:

«Solo per stanotte Liam, tienimi stretta tra le tue braccia».

28. Liam

La guardo e resto spiazzato da questa sua richiesta. Una delle mie regole è mai dormire con una donna... mai, neppure dopo il sesso.

Non so che fare, dovrei risponderle che no, non posso, ma invece mi sento dire:

«Dove preferisci dormire?»

I suoi occhi mi fissano e poi con un sussurro, l'ennesimo, si limita a proferire:

«Da te».

Senza aggiungere altro entriamo nella mia stanza. Lei mi guarda e sorridendo appena esclama un timido: "Grazie, davvero..."

Non rispondo, la guardo spostare la trapunta e acciambellarsi nel mio letto.

«Cosa fai? Hai intenzione di rimanere lì?»

La guardo, socchiudo la porta ed entro nel letto.

Sono nervoso e tutto questo non mi piace affatto.

Avverto il suo respiro sulle mie spalle e l'odore ormai familiare del suo shampoo.

«Ti ho messo in imbarazzo?», mi domanda.

Mi volto, la guardo in quegli occhi tanto dolci e al contempo sensuali.

«Assolutamente, puoi stare tranquilla».

Nessuno parla, socchiudo gli occhi sperando di riuscire a prendere sonno, tutt'intorno si sente soltanto il rumore del vento contro le imposte delle finestre e i nostri respiri.

Poi, si sposta, tira un po' la trapunta e si avvicina. Mi ritrovo la sua coscia sopra la mia, la sua testa appoggiata al mio petto e le sue mani non sembrano aver intenzione di stare ferme.

Si muovono lente sulla mia t-shirt, giocherellano con l'orlo della maglietta e disegnano con le dita dei cerchi. Io avverto una strana sensazione che, considerata la situazione, dovrei ricacciare indietro.

«Ho paura Liam, paura che possa far del male alla mia famiglia...», sussurra.

Inclino appena la testa per poterla guardare negli occhi.

«Ti devi fidare di me, dei miei ragazzi e del commissario Richsalton. Faremo di tutto per sbatterlo in prigione, stai tranquilla».

La mia mano, come se avesse deciso da sé cosa fare, si sposta sulla sua spalla leggermente scoperta dalla maglia del pigiama e inizia ad accarezzarla scendendo giù lungo la schiena.

Restiamo così, stretti in un letto troppo piccolo e in un abbraccio che so già, mi sta mettendo nei guai.

Se fosse semplicemente una ragazza conosciuta in locale della City, l'avrei già baciata... ma lei non è questo.

Mi ero ripromesso di non mischiare il lavoro con tutto il resto e invece, ho la sensazione di averlo già fatto.

«E tu, Liam, hai mai paura?», mi domanda.

Per qualche istante non dico niente poi, continuando a sfiorarle la schiena, mi ritrovo a raccontare:

«In passato ho avuto paura, ma quello che ho capito Clementine, è che la paura non serve. Ti blocca, ti annebbia la mente, ti rende vulnerabile e in questo lavoro, non me lo posso permettere».

Dalla porta socchiusa vediamo entrare il nostro simpatico coinquilino che, con passo felpato, si avvicina e, non capendo questo strano sovraffollamento nel mio letto, decide di venire pure lui per poter dare un'occhiata.

«Constable, sei venuto a vedere cosa stiamo facendo?», domanda.

«Piuttosto direi che è venuto a disseminare i suoi peli ovunque!»

«Su adesso dormiamo».

Poi puntualizzo:

«Tutti quanti!»

«Tranquillo adesso mi sposto, non penso che riusciresti a dormire così».

Si tira leggermente su, poi si protende verso le mie labbra e con delicatezza, le sfiora con le sue.

«Buonanotte, Liam».

Si volta e si sdraia, dandomi le spalle.

Sbaglio o Clementine mi ha appena baciato? Non deve farlo, io sono un uomo e mi sento pure attratto da lei... no, se mi bacia non vale! Senza dire nulla provo a dormire anche se so già che non ci riuscirò.

29. **Clementine**

Non posso credere di averlo fatto davvero! Complice la notte, un letto troppo stretto e qualche carezza, mi sono protesa sulle sue labbra e, come se fosse la cosa più naturale e ovvia tra noi, gli ho dato un lieve bacio. Una carezza, un bacio appena accennato, uno di quelli lievi, che profumano di innocenza.

Lui non ha detto niente, nessuna parola, si è limitato a voltarsi appena.

Resto ferma nella morbida trapunta, lui fa lo stesso, mi chiedo se sia riuscito ad addormentarsi o se, invece, come la sottoscritta, non riesca a smettere di pensare a poco fa... a quell'incontro inaspettato delle nostre labbra.

Kim sarebbe decisamente soddisfatta di me, penso sorridendo.

Non so se sia per il suo ruolo, quello dell'enigmatico e sexy detective incaricato di proteggermi ma sono attratta da lui, in un modo assoluto, come onestamente penso di non esserlo mai stata per nessuno.

Ho sempre fatto ciò che gli altri si aspettavano da me, ho sempre cercato di non deludere nessuno mettendo spesso da parte ciò che io volevo davvero. Adesso, so cosa voglio, e porta il nome di Liam Darren.

È sbagliato? Forse, ma non mi interessa.

Quello che so è che non ho intenzione di far finta di niente, non ignorerò i miei sentimenti.

Quindi, detective, adesso cominciamo tranquillamente a giocare!

***

Quando mi sveglio, Liam non è a letto.

Allungando la mano tocco il manto morbido di Constable che a quanto vedo deve aver deciso di dormire con noi.

Sto andando in bagno per farmi una doccia quando alle mie spalle sento:

«Buongiorno, te l'ha mai detto nessuno che dormire con te è un'autentica pazzia?»

Mi volto, è appoggiato al corrimano della scala, indossa un paio di jeans e una t-shirt.

Arrossendo mi ritrovo a dire:

«Onestamente non mi capita spesso di dividere il letto con qualcuno...»

Lui mi guarda e, sfoderando quel suo solito sorriso che lo rende tanto sensuale, esclama:

«Il tuo ragazzo non si è mai lamentato? Mi sono ritrovato il tuo gomito tra le costole e facevi di tutto per spingermi giù dal letto. Penso di non essere riuscito quasi mai a prendere sonno... quando stamattina mi sono alzato ero tutto indolenzito, neppure dopo gli addestramenti!»

«Mi dispiace, anche la mia amica Kim mi ripete sempre che quando dormo non faccio altro che spostarmi da una parte all'altra».

Poi domando:

«Dimmi almeno che non ho russato...»

Mi guarda e si mette a ridere.

«Tranquilla, quello me l'hai risparmiato».

Poi, spostando lo sguardo ai miei piedi dove fanno bella mostra di sé i miei deliziosi calzini con cactus e glitter arancioni, aggiunge.

«Piuttosto, ho notato che la dispensa non offre molto quindi direi di passare dal paese per un po' di spesa...»

Senza spostare gli occhi dal suo viso preciso:

«Puoi sempre contare sulla mia scorta personale di *Weetabix*!»

Vedo spuntare un sorriso sulle sue labbra.

«Grazie ma preferisco serbarla per la legittima proprietaria».

Poi puntualizza:

«Penso proprio che dovrebbero nominarti tra le più affezionate consumatrici di quegli insipidi agglomerati di crusche».

Con uno stupido sorriso sulle labbra mi chiudo la porta del bagno alle spalle.

***

Dopo aver dato una nuova sistemata al giardino e fatto una sana colazione, decidiamo di andare in paese.

«Potremmo tranquillamente andare a piedi, Salisbury non è poi molto distante da Rose Hill», provo a suggerire.

«Una passeggiata non la disdegnerei, però tieni conto della spesa e qualcosa mi dice che sarà il sottoscritto a portare i sacchi».

«Non dovreste essere addestrati a tutto? O forse un sacco di *Tesco* potrebbe essere troppo per i tuoi deboli muscoli?», lo canzono io.

Mi guarda e, avvicinandosi, mi mette in mano le chiavi della sua *Land Rover*.

«Signorina Danton accetto con piacere di andare a piedi in paese ma ricordati che non ho nessuna intenzione di riportarti in spalla a casa».

Rido infilandomi il giaccone in pendant con la mia *Hermès*.

***

Per andare a Salisbury passiamo da una stradina a un'unica corsia immersa nel verde.

Tutt'intorno si inizia a percepire l'odore delle piante che stanno iniziando a sbocciare nonostante le temperature ancora gelide.

«Con la nonna e Robert passavamo sempre da questo vialetto se decidevamo di andare a piedi, sembra proprio disegnato da un pittore paesaggista inglese».

Liam mi guarda.

«È indubbiamente suggestivo, da qui si riesce a scorgere l'intera campagna del Wiltshire».

Poi, con quel suo solito sorriso, precisa:

«Anche se immagino che mi farai fare una sudata!»

«Accidenti, soppesi sempre tutto quello fai? Se mi va di fare una camminata non mi metto di certo a pensare se al rientro dovrò portare pure i sacchi della spesa; dovresti agire ascoltando il cuore e non sempre e solo la parte razionale».

«Su questo non posso di certo replicare!»

Proseguiamo la nostra passeggiata fino al centro e, subito, decidiamo di andare a fare la spesa.

***

Usciamo dal negozio con svariati sacchi, quando vedo Vivian con il marito incamminarsi per la strada che conduce al paese.

Avvicinandomi richiamo subito la sua attenzione:

«Vivian buongiorno, non immaginavo di rivederti qui; piuttosto come va con la tua artrosi?», le chiedo.

Da dietro le spesse lenti degli occhiali mi guarda sorridendo:

«Un giorno cammino che sembro ancora una ragazzina e un altro invece sono bloccata sul divano... questo, tesoro, è il bello della vecchiaia, ma sono grata di poter invecchiare avendo ancora la testa che funziona!»

Le sorrido, mi ricordo quando Robert e io ne combinavamo una delle nostre e lei ci rincorreva per tutto il parco.

«Clemmy, tra qualche giorno, nei pressi della nostra cattedrale si faranno i soliti giochi di paese il cui ricavato andrà alla neonatologia dell'ospedale di Salisbury per l'acquisto di un moderno ecografo e di una nuova incubatrice. Mi chiedevo, quindi, se tu con il tuo amico foste interessati a partecipare».

Prima che Liam possa declinare l'invito, con slancio dichiaro:

«Certo Vivian, ne saremmo davvero molto contenti! La famiglia Danton, lo sai, non si tira mai indietro quando si tratta di dare una mano. Liam e io parteciperemo volentieri».

Liam si limita a guardarmi in cagnesco, poi appena la mia vecchia nanny si appresta a raggiungere il marito al piccolo cafè, mi dice:

«Ma sei matta? Non siamo certo qui per partecipare a eventi mondani, ti ricordo che per il resto del mondo tu dovresti essere a Londra!»

Mi soffermo per squadrarlo dritto negli occhi:

«Guarda che non ti ho proposto di partecipare al red carpet del London Film Festival, dove avremmo tutti i flash dei fotografi puntati su di noi, ma a una semplice festa paesana. Se non vuoi accompagnarmi, posso tranquillamente andare da sola!»

Per qualche istante nessuno dice niente, poi si volta e spazientito esclama:

«Faremo come vuoi tu, ma se qualcosa non mi convince torneremo a casa, non ho intenzione mi mettermi nei guai con il mio capo per un tuo capriccio».

Per tutto il tragitto nessuno parla, di tanto in tanto lo sento borbottare tra sé, poi quando ci fermiamo al cancello di Rose Hill intervengo:

«Grazie, ti assicuro che seguirò tutto quello che mi consiglierai».

Lui mi fissa, poi prende la chiave.

«Se noterò qualcosa che non mi convince torneremo alla residenza».

Non gli do il tempo di aggiungere altro che lo abbraccio con entusiasmo:

«Grazie, grazie davvero, Liam».

Per un istante sento le sue mani sui miei fianchi, avverto una scossa lunga la schiena ma lui subito le ritrae.

30. Liam

Le giornate trascorrono tranquille scandite dalla solita routine di Rose Hill fatta di passeggiate e di lavori nel parco della villa.

Per quanto riguarda il nostro soggetto ignoto non siamo ancora arrivati a molto, non ha commesso alcun errore che ci possa quantomeno far capire qualcosa su di lui, niente di niente.

Non fa niente di avventato, segue uno schema preciso.

Ho appena parlato col commissario Richsalton, per adesso sappiamo soltanto che tutti i messaggi sono stati inviati da un numero di cellulare clonato.

Ciò che invece non mi piace affatto è che sto cominciando ad apprezzare questa tenuta immersa nel verde, con i suoi ritmi diversi, rilassanti e soprattutto sta iniziando a piacermi questa sorta di gioco fatto di battibecchi, sguardi e carezze appena accennate con Clementine.

Sono qui per lavorare, devo garantire la sua sicurezza e non farmi incantare da quegli occhi tanto intensi e sensuali.

Prendo il giaccone e scendo di sotto, Clementine è già vestita che mi sta aspettando per andare a Salisbury per poter partecipare a quegli assurdi giochi di cui ci aveva accennato la sua vecchia tata.

«Buongiorno Liam, spero che tu abbia riposato stanotte perché oggi dovrai impegnarti per poter vincere».

Mi avvicino.

«Ricordati che se vedo qualcosa che non mi piace torniamo a casa!»

Mi guarda e sorridendo aggiunge:

«Quello me l'hai già ripetuto. Su, adesso andiamo che dobbiamo registrarci al chiosco».

Senza dire nulla mi limito a seguirla in giardino.

***

Arrivati in paese, proprio nei pressi della cattedrale ci mettiamo in coda per poterci registrare a questa competizione.

«Buongiorno ragazzi, ecco a voi il vostro numero identificativo», ci dice una donna di mezza età porgendoci le nostre pettorine contrassegnate dalla stessa sequenza numerica.

«La gara inizia dal tiro al bersaglio, potete raggiungere gli altri sul lato della chiesa. Divertitevi!»

«Grazie a lei e buona giornata», conclude Clementine.

«Sai, anni fa avevo partecipato con Robert e il suo amico Sullivan, ci piazzammo sul podio ma non riuscimmo a vincere proprio per il tiro al bersaglio, nessuno di noi aveva una discreta mira», mi racconta incamminandoci per il vialetto in ciottoli.

Poi, voltandosi e sorridendo, aggiunge:

«Ma con te immagino che le cose andranno diversamente».

«Dici? Almeno con la pistola non dovrei avere problemi».

Mi fermo un attimo per aiutarla a sistemarsi la pettorina sopra la pesante felpa in pile.

«Piuttosto, già che mi hai obbligato a partecipare cerchiamo quantomeno di vincere signorina Danton, non mi è mai piaciuto perdere...»

Lei mi guarda, si avvicina al mio orecchio e, con un sorriso malizioso, mi sussurra:

«Si dice che ciò che conta sia partecipare».

Poi aggiunge:
«E quali altre cose non ti piacciono, detective?»
Vorrei dirle che non mi piace affatto che mi guardi e mi parli in questo modo, ma invece mi limito a ripeterle:
«Non mi piace perdere, su adesso andiamo».

***

Un uomo, dall'aspetto simpatico e con un pancione da bevitore seriale di birra, dà il benvenuto a tutti i partecipanti.
«Come ogni anno eccoci ancora qui, sono molto contento di vedervi in tanti per sostenere il reparto di maternità e neonatologia dell'ospedale della nostra città. Tutto il ricavato andrà nell'acquisto di un nuovo ecografo e di una moderna incubatrice. Quindi non posso che augurarvi buon divertimento!»
Tutti applaudono soddisfatti.
«Stanno iniziando, mi raccomando detective non sbagliare», si raccomanda Clementine dandomi una pacca sulla spalla.
Alcuni partecipanti riescono a colpire il bersaglio altri invece no, quando un ragazzo mi porge la carabina il mio sguardo passa dal bersaglio a Clementine.
Impugno la pistola, allineo il mirino anteriore con quello posteriore poi metto a fuoco quello anteriore e sincronizzo il mio respiro con lo sparo.
Premo il grilletto e... uno, due, tre, quattro, cinque tiri a segno, centrati.
Si alza alle mie spalle un applauso.
«Accidenti, in tanti anni che presento questo gioco non mi era mai capitato una cosa simile: cinque colpi centrati su cinque. Il nostro ragazzo sa indubbiamente come si impugna una pistola», esclama al microfono il nostro showman.

Clementine si avvicina soddisfatta.

«Semplicemente su-per-la-ti-vo!», scandisce lei sorridendo porgendomi la sua *Coca Cola zero*.

«Mi raccomando, non bertela tutta, se non erro adesso è il momento della corsa nei sacchi. Al liceo me la cavavo abbastanza a correre, speriamo di non essere troppo fuori allenamento».

La guardo, si sta raccogliendo i lunghi capelli castani in un'alta coda di cavallo, un leggero vento ci accarezza il viso.

«Non farmi perdere signorina Danton», la minaccio osservandola incamminarsi.

Si volta.

«Ci metterò tutto il mio impegno!»

I partecipanti si sono posizionati sulla riga di partenza, appena danno il via Clementine scatta saltellando all'interno del pesante sacco in iuta.

È in vantaggio, solo un ragazzo dal fisico prestante la sta riprendendo, ma lei aumenta lo stacco.

Tutti incitano i partecipanti con grida, Clemmy sta per vincere quando il ragazzo la supera.

Si è piazzata ugualmente sul podio, la raggiungo tra la folla festante.

«Accidenti potevo vincere!», si lamenta lei togliendomi dalle mani la sua lattina.

«Dai, possiamo accontentarci», mi limito a dirle.

La gara continua tra varie prove: quelle di cucina, il tanto atteso lancio del tronco, la raccolta delle mele e danze tipiche.

Noi, e altre due coppie, conquistiamo la finale, tutto si deciderà con la prova misteriosa.

«Questa prova cambia ogni anno in modo tale che nessuno possa in qualche modo esercitarsi; ricordo che quando partecipai con mio fratello e Alvin si trattava di un quiz modello *Trivial Pursuit*. Mi chiedo cos'abbiano inventato per questa edizione».

La guardo, sorride passandosi la mano sulle guance accaldate, e l'unica cosa che riesco a domandarmi è come sarebbe baciarla.

Il presentatore mi distoglie da questi pensieri.

«Invito le coppie che hanno fatto il miglior punteggio ad avvicinarsi al palco».

Una ragazza porta una busta e con un po' di suspense viene annunciata la prova che decreterà la coppia vincitrice.

«Guarda cosa si sono inventati quest'anno! Immagino che i nostri ragazzi saranno contenti di questa prova. Le coppie dovranno baciarsi, dovranno scambiarsi un bacio senza staccare le labbra l'uno dall'altra nonostante gli impedimenti che avranno attorno».

Tutti si mettono a ridere, tutti tranne noi. Clemmy si volta a guardarmi.

«A quanto pare Liam sarai costretto a baciarmi».

Mi prende per mano e saliamo con le altre coppie rimaste in gara sul palco.

31. Clementine

Guardo Liam, sembra nervoso ed è semplice intuirne il motivo: è per il bacio che dovremo scambiarci.

Insieme alle altre due coppie rimaste in gara ci apprestiamo a salire sul palco.

Le regole sono semplici: dal momento in cui partirà la musica i partecipanti dovranno iniziare a baciarsi senza mai staccare le labbra l'una da quelle dell'altro. Interrompere il bacio equivale a essere eliminati dalla competizione.

Liam mi guarda, si passa la mano sul mento su cui adesso noto un lieve accenno di barba.

«Non avrei mai immaginato che mi sarei ridotto ad assecondarti in questo modo».

«E dai, se fossi stata una vecchia zitella inacidita non sarebbe stato decisamente peggio, detective?»

Ridendo, aggiungo.

«Piuttosto, guarda di non prenderci gusto!»

Non so cosa mi stia succedendo, ma con lui sono riuscita ad abbattere quel muro di inibizioni che da sempre mi sono portata sulle spalle. È riuscito a tirare fuori una parte di me che non sapevo neppure esistesse.

Lo showman richiama la nostra attenzione.

«Allora ragazzi, ricordatevi che vinceranno coloro che non smetteranno di baciarsi. Tre, due, uno... via!»

La band inizia a suonare una cover dei Muse, dalle note riconosco subito *Neutron Star Collision*.

Per un attimo i nostri occhi si fissano poi Liam con la mano mi sospinge verso di sé.

Continua a scrutarmi, poi inclino la testa e avverto la pressione delle sue labbra sulle mie.

Inizialmente percepisco il suo imbarazzo poi lentamente la sua bocca sembra adattarsi alla mia come se si conoscessero da sempre. Le sue labbra si muovono sulle mie, giocano, e questa sorta di gioco prende i connotati di un bacio reale.

Le sue mani si muovono lente sulla mia schiena e le mie si intrufolano tra i suoi capelli. La mia mente adesso è completamente annebbiata, è come se tutt'intorno non ci fossero tanti occhi puntati sul palco, sui partecipanti, su di noi.

Sono totalmente assorbita da lui, dalla sua bocca che, per gioco o per volontà, non sembra avere alcuna intenzione di staccarsi dalla mia.

Vorrei che queste note non smettessero di essere cantate, vorrei continuare ancora, e poi ancora, a baciarlo.

Il mio cuore scalpita, tanto che penso che addirittura lui possa sentirne i battiti.

«Ehi ragazzi, ragazzi», una voce mi riporta lì, alla gara.

Ancora un attimo e Liam si stacca dalla mia bocca.

«Ehi, accidenti, ditelo che voi due vi stavate proprio divertendo!», ci canzona il presentatore avvicinandosi.

Poi ridendo ci porge una piccola coppa.

«A quanto pare, con ben quattro minuti e trentadue secondi di bacio non-stop siete i vincitori di quest'anno! Complimenti!»

Dalla folla si alza un applauso.

«Sono certo che se non vi avessi infastidito io, voi due sareste ancora qua appiccicati come delle cozze agli scogli!»

Sento un leggero imbarazzo salirmi alle guance.

Liam e io solleviamo la coppa e facciamo alcune foto per l'annuario del paese. Vivian soddisfatta ci osserva ritirare l'assegno il cui devoluto andrà al piccolo ospedale di Salisbury.

«Lo sapevo che la mia Clemmy non poteva che vincere questa competizione», enfatizza lei sistemandosi la montatura degli occhiali.

Restiamo ancora un po' lì, a gustarci dei *donuts* ricoperti alla granella con una glassa di un assurdo color rosa shocking.

Poi, quando si cominciano a sentire dei tuoni in lontananza, decidiamo di incamminarci alla macchina per rientrare a Rose Hill.

«Grazie di aver partecipato», mi ritrovo a sussurrare.

Lui si volta appena, guida con attenzione per le piccole strade immerse nel verde a un'unica corsia tipiche della campagna del Wiltshire.

«Non devi ringraziarmi, devo ammettere che mi sono divertito».

Noto sulle sue labbra quel sorriso che mi fa impazzire.

Prendo dalla mia Birkin di *Hermès* una caramella.

«Ne vuoi una?», gli domando.

Senza voltarsi esclama:

«No grazie, ho un'unica dipendenza ed è il caffè».

«Proprio come la sottoscritta, pure io ho una sola dipendenza ed è la *Coca zero*. Vedi siamo più simili di quanto tu possa pensare».

«Ne sei certa?», mi chiede.

Per un istante nessuno dice niente poi è lui a intervenire:

«Posso chiederti una cosa?»

Lo guardo, non riesco proprio a immaginare cosa voglia sapere.

«Dimmi, sono disponibile a rispondere a tutte le tue domande».

«Mi chiedevo quanto potesse costare quella tua shopper...»

Poso lo sguardo sulla costosa *Hermès*.

«Mah, non so, forse dieci, dodicimila sterline».

Poi, specifico:
«È un regalo dei miei».
Senza spostare lo sguardo dalla strada si limita a dire:
«All'incirca un terzo del mio intero stipendio di un anno».
Ferma la macchina per aprire il cancello.
«Clementine no, tu e io non siamo simili, proveniamo da mondi distanti anni luce... siamo come due linee parallele che non potranno mai incontrarsi».
Lo guardo scendere dalla *Land Rover,* sta piovendo, un lampo illumina il giardino.
È questo che pensa davvero Liam?
Mi ritiene solo una ragazzina viziata che spreca il denaro di famiglia in accessori costosi e alla moda?

***

Entriamo in casa, si è scatenato l'ennesimo temporale, Constable si alza dal divano e viene a reclamare qualche attenzione.
Mi soffermo ad accarezzarlo e lui, per dimostrarmi quanto apprezzi tutto questo, inizia a fare delle rumorose fusa.
«Ti piacciono le coccole, vero?», gli chiedo io proseguendo a muovere la mia mano sul suo morbido pelo.
«Conosci qualcuno a cui non piacciono?», sento alle mie spalle.
Mi volto, Liam mi sta guardando. Per un istante i nostri occhi sembrano proprio non volersi spostare gli uni da quelli dell'altra.
Si avvicina e si china.
Posa la mano sulla schiena del micio senza spostare gli occhi dai miei.

«Mi dispiace per poco fa, non volevo offenderti, non era mia intenzione».

I suoi occhi indugiano qualche attimo di troppo sulle mie labbra, avverto delle sensazioni strane tra noi, qualcosa che forse non avevo mai provato per nessuno e non parlo solo di mera attrazione.

È la sua mente ad attirarmi, vorrei poter leggere i suoi pensieri, sapere cosa prova quando le nostre mani si sfiorano impercettibilmente, o cosa ha suscitato in lui il bacio che ci siamo scambiati poco fa alla gara giù in paese.

«No, tranquillo, non mi hai offesa, hai semplicemente detto ciò che pensi. Non puoi però puntare il dito solo perché provengo da una famiglia agiata; se i miei genitori possono regalarmi una *Hermès* non vuol dire che io debba essere necessariamente viziata e non sapere cosa voglia dire impegnarsi in qualcosa».

Mi alzo e, sulla scala, affermo:

«Grazie ancora per aver assecondato un mio capriccio...»

Mi scruta, il suo sguardo adesso sembra diverso, si avvicina, protende la mano sfiorando appena la mia guancia.

«Mi ha fatto piacere e poi... mi sono divertito».

Restiamo lì, sull'imponente scalinata, nessuno aggiunge altro, come se qualsiasi parola potesse rovinare questo momento.

Mantengo gli occhi fissi nei suoi, Liam annulla il poco spazio rimasto tra noi, avverto il suo respiro sul mio viso e quell'inconfondibile aroma della sua acqua di colonia.

Socchiudo gli occhi certa che mi bacerà quando il suono del suo cellulare ci fa sobbalzare.

Si sposta subito.

«Detective Darren», dichiara rispondendo al telefono.

Il suo tono cambia.

«Oh mamma, ciao, come stai?»

Sorride, si passa la mano sul mento.

«Sono trentaquattro mamma, ormai non sono più un ragazzino. Sì, tranquilla, appena posso torno a casa per gustarmi quella tua strepitosa torta di mele».

Salgo le scale, quando riattacca mi volto e non posso farea a meno di chiedergli:

«Non volevo stare ad ascoltare la tua telefonata ma, se non erro, mi sembra di aver capito che oggi è il tuo compleanno».

Toccandosi il mento, risponde:

«Mia mamma, se potesse, mi spedirebbe per posta la sua torta, soprattutto per il mio compleanno».

Sto per entrare nella mia stanza quando con slancio esclamo:

«Stasera detective, anche se non sarà come quella di tua madre, avrai la tua torta!»

In imbarazzo, precisa:

«Clementine non sono un bambino, ti garantisco che non è necessario».

«Questo lo dici tu! Un compleanno senza torta non è un compleanno. Mi faccio una doccia e poi comincio con l'impasto. Ti aspetto in cucina e non ammetto repliche!»

Soddisfatta prendo dal comò i miei vestiti e vado in bagno.

32. Liam

Sono sdraiato sul letto aspettando di poter andare a farmi una doccia.

Ho deciso di attendere qualche attimo in più per evitare di ritrovarmela ancora in bagno, magari mezza svestita, perché stasera non so davvero se il mio autocontrollo mi impedirebbe di schiacciarla contro al muro e di baciarla.

Non riesco a smettere di pensare a quei quattro minuti e trentadue secondi, alle sue labbra che si muovevano sulle mie, alle sue mani tra i miei capelli.

Cazzo, cosa mi sta succedendo? Non mi era mai capitato di sentirmi attratto tanto da una ragazza, mai. L'unica donna per la quale avevo perso completamente la testa e il controllo era Wendy e so a cosa mi ha portato. No, non devo assolutamente permettere a niente e nessuno di sgretolare la corazza che sono riuscito a costruire.

Sento una porta che sbatte e dei rumori sulle scale, starà di certo scendendo in cucina per fare la torta.

Sospiro e, sperando che una doccia possa allontanare il pensiero della sua bocca sulla mia, apro il getto dell'acqua.

Non devo pensare a lei, Miss Danton e io siamo gli opposti nonostante lei voglia sostenere il contrario.

***

Quando scendo di sotto, sento della musica, mista ad altri rumori, provenire dalla cucina.

Mi soffermo sulla porta a osservarla: i lunghi capelli racconti nel suo solito disordinato chignon tenuto su con una matita, una camicetta che le scopre leggermente la spalla, dei leggings e, sorridendo, noto ai suoi piedi un paio di quegli stravaganti e alquanto ridicoli calzini. Sulla penisola vedo anche il suo portatile aperto su quella che immagino sia la sua playlist; ancheggia seguendo la musica e cazzo, è una delle immagini più sexy che i miei occhi abbiano guardato.

Appoggiato alla porta, esclamo:

«Posso darti una mano in qualche modo? Guarda che cucinare mi piace...»

Si volta di scatto, i nostri occhi si trovano.

«Allora, se vuoi potresti preparare la cioccolata per la farcitura, devi solo mescolare la polvere del cacao con il latte».

Poi, ridendo, aggiunge:

«Penso che potresti riuscirci, non sono richieste grandi capacità!»

Mi avvicino.

«Non dovresti prendermi in giro cara signorina Danton, ricordati che con una sola mossa potrei metterti al tappeto», le rispondo io di rimando.

«Per il momento cerca di tenere le mani al loro posto, detective».

Se fosse per il sottoscritto, le mie mani la starebbero già spogliando...

Inizio a mescolare con la spatola facendo attenzione a rendere la farcitura omogenea; di tanto in tanto mi ritrovo a guardarla e cavolo, non vorrei far altro che sentire le sue mani su di me.

Liam, smettila, Clementine è tutto ciò da cui devi stare lontano, continuo a ripetermi.

«Adesso dobbiamo solo aspettare di farcire il pan di spagna, nel frattempo monto la panna per le decorazioni».

Avvicinandosi al mio orecchio, esclama:

«Mi raccomando inizia già a pensare a un desiderio da esprimere quando spegnerai la candelina!»

Dovrei allontanarmi, lo so, ma stasera non riesco ad assecondare la mia parte razionale.

Dal computer partono le note di *Neutron Star Collision*.

Clementine, senza spostare lo sguardo, mi dice:

«Ti assicuro che non sono stata io a metterla, la riproduzione delle canzoni è random... casuale».

Poi, incontrando di nuovo il mio sguardo, aggiunge:

«Che ne dici, balliamo?»

Per un attimo non dico niente, rimango lì, i miei occhi nei suoi, e le note che invadono la cucina.

Senza dire niente, mi avvicino e, annullando il poco spazio tra noi, le metto le mani attorno ai fianchi.

Lei mi posa le braccia sulle spalle e cominciamo a muoverci seguendo quella dolce melodia.

I muse cantano:

"I have nothing left to lose
You took your time to choose
Then we told each other
With no trace of fear that
Our love would be forever"

Proseguiamo a ballare, Clementine riesce a farmi provare sensazioni che fino ad adesso avevo cercato di mantenere chiuse da qualche parte.

«Era da un pezzo che non ballavo...», mi sento dirle.

Posa di nuovo il suo sguardo nei miei occhi.

«Davvero, detective? Allora dovrò ringraziarti per avermi concesso l'onore di un *passo a due*».

«È un onore che concedo di rado», ammetto io ridendo.

Nella stanza riecheggiano le note miste al rumore della pioggia contro al vetro della finestra.

Quando il commissario Richsalton mi disse che avrei dovuto garantire la sicurezza di questa ricca ragazza non avrei di certo immaginato che, invece, avrei cominciato a provare qualcosa per lei.

«Liam...»

Poso di nuovo gli occhi nei suoi.

«Sai, potrei scommettere che entrambi desideriamo la stessa cosa», sussurra con voce suadente.

«Dici?»

Non dovrei assecondare tutto questo ma non ci riesco.

«E tu cosa desideri in questo momento?», mi ritrovo a domandarle.

Non mi risponde... lentamente avvicina ancora il suo viso al mio.

Le nostre labbra stanno quasi per sfiorarsi quando il trillo del timer della cucina mi fa indietreggiare.

«Penso che, adesso, tu possa farcire la torta», la esorto io prendendo dalla penisola la spatola.

33. Clementine

Con il cuore ormai impazzito inizio con attenzione a farcire il pan di spagna.

Sono certa che Liam provi le mie stesse sensazioni, che non desideri altro che ripetere quanto è successo in paese: un bacio.

Monto la panna e con una *sac à poche* provo a decorare il dolce proprio come vedevo fare alla nonna.

«Che ne dici se intanto ti inventassi qualcosa per cena? Non penso che potremo mangiare solo la torta».

Poi, preciso:

«Potresti riscaldare le omelette se non hai voglia di cucinare altro».

Come risposta lo osservo eseguire quanto gli ho appena suggerito.

Stiamo per sederci a mangiare quando, con entusiasmo, propongo:

«Mi accompagneresti un istante giù in cantina?»

«In cantina?», ripete lui.

Sono già sulla porta quando, sorridendo, dico:

«Non possiamo brindare né con la mia amata Coca né tantomeno con il tuo caffè. Mio nonno teneva in cantina diverse bottiglie di vino magari ne potremmo bere un po'».

Si alza e, mostrandomi un accenno di quel suo assurdo sorriso sghembo, si avvicina.

«Signorina Danton, le ricordo che non bevo assolutamente sul lavoro!»

«Accidenti quanto sei noioso, non ti ho detto di ubriacarci giocando a *strip poker*, ma semplicemente di stappare una bottiglia per fare un brindisi», gli dico io ridendo.

«Adesso che mi ci fai pensare… una partita quasi quasi la farei», mi risponde lui di rimando.

In imbarazzo sto per replicare quando, sfiorandomi appena le spalle, esclama:

«Dai, volevo solo prenderti un attimo in giro… non ho intenzione di fare alcun gioco con te soprattutto se si tratta di spogliarsi».

Lo guardo e ci mettiamo a ridere.

***

Torniamo in cucina con uno Chardonnay e, avendo insistito parecchio, anche con uno Champagne piuttosto noto e cominciamo, tra una presa in giro e qualche risata, la nostra cena.

Stiamo per prendere il dolce quando lo sento dire:

«Allora, dal momento che mi ripeti sempre che mi sono fatto un'idea sbagliata, illuminami, dimmi cosa dovrei sapere di te che io già non sappia».

Faccio roteare il vino nel calice poi me lo porto alla bocca e lo assaporo.

Per un attimo mi soffermo a guardare i cerchi creati dallo Chardonnay e poi provo a dire:

«Senti Liam, se ci riesci, per stasera ti chiederei soltanto di scordarti che tu sei qui per garantire la mia sicurezza e che io invece sono la figlia del direttore di una delle più rinomate catene di hotel di lusso del paese e di ricominciare da qui. Una semplice ragazza, un ragazzo, qualche risata, un dolce da assaporare e un desiderio da esprimere».

Gli porgo la mano oltre il mio piatto:
«Che ne dici, ti va?»
Onestamente già immaginavo che si sarebbe messo a ridere e invece mi stringe la mano per sancire questo accordo tra noi.
«Solo per stasera; poi ricordati che, proprio come per Cenerentola il cocchio trainato dai cavalli è tornato a essere una zucca e dei topolini... noi torneremo a essere Miss Danton e il vicecommissario Darren».
Sorrido soddisfatta.
«Allora, mi presento: mi chiamo Clementine Jane Rose ma per gli amici sono solamente Clemmy, studio marketing e management all'università di Stirling, ho una smisurata passione per la pittura inglese e per gli amici a quattro zampe. Credo in una versione un tantino più moderna del principe azzurro e nell'amore anche se forse, non posso dire di essere mai stata veramente innamorata. Amo la pioggia, il tè da assaporare guardando un vecchio film, la *Coca Cola Zero* e gli *Weetabix*».
Con meticolosità aggiungo un po' di granella sulla panna.
«Su, adesso sta a te».
Liam si passa distrattamente la mano sul mento.
«Non saprei cosa aggiungere a ciò che già sai».
Lo interrompo.
«No, mi dispiace, così non vale».
«Sono Liam August ma preferisco semplicemente Liam».
Rido.
«August?», ripeto io.
«Le prese in giro non sono contemplate», mi ricorda lui.
Sollevo le mani in segno di resa.
«Continua, scusa».
«Quindi, sono Liam August, sono originario di Dornoch, un piccolo paese sulla costa della Scozia nord-orientale, lavoro

nella polizia da diverso tempo anche se spesso mi domando cosa sarebbe accaduto se invece avessi deciso di fare l'allenatore di una squadra di calcio. Mi piace la musica country e amo alla pazzia il caffè e i *donuts*».

Poi, posando lo sguardo su Constable che, con un salto, è salito sul tavolo, precisa:

«Non sopporto i gatti, in particolar modo quelli impiccioni che non fanno altro che combinare pasticci».

Allungo la mano per accarezzare il simpatico muso guardingo di Constable.

«Dai, in fondo, in fondo, state diventando amici», dichiaro prendendo dal cassetto una candelina rosa.

«Mi dispiace ma dovrai accontentarti di questa...»

La accendo e mi appresto a spegnere il neon del lampadario. Con imbarazzo, intono una versione un po' goffa di tanti auguri a te.

Liam mi osserva divertito.

«Su, adesso soffia e, mi raccomando, ricordati di esprimere il tuo desiderio».

Per un istante sento i suoi occhi che mi fissano, avverto nella stanza una certa elettricità che sono certa non dipenda dal temporale, e poi con un soffio spegne la candelina.

Subito premo l'interruttore.

«Adesso non dobbiamo far altro che mangiare la torta, a Londra uso sempre la *KitchenAid* per l'impasto ma qui mi sono dovuta adattare tornando alla vecchia frusta a mano per montare gli albumi».

Gli passo il piattino con il dolce.

«Su, assaggialo, voglio proprio sapere se ti piace!»

Lo guardo portarsi alla bocca il cucchiaino e assaporare la torta e devo ammettere che per un attimo avrei voluto essere io quella posata.

Rido, se lo dicessi a Kim mi direbbe che è solo perché non faccio sesso da troppo tempo.

«Devo ammettere che è uno dei dolci migliori che abbia mangiato, potresti prendere in considerazione il cake design, sei davvero abile con cacao, granella e quant'altro».

Sorrido soddisfatta.

«Te l'avevo detto che ti eri fatto un'idea sbagliata della sottoscritta», gli ricordo io incontrando ancora quegli occhi verdi in cui mi sembra semplice perdersi.

Prendo lo champagne e glielo porgo:

«Questa serata merita un brindisi».

«Con te, Clementine, stasera sto infrangendo tutte le mie regole», dichiara stappando il pregiato vino.

«Davvero? Sai, qualcuno dice che le regole siano fatte apposta per essere infrante».

Di nuovo, dal portatile, partono ancora le note dei Muse.

Ci guardiamo ed entrambi ci mettiamo a ridere.

«Sembrerebbe proprio che stasera tu e io dobbiamo proprio ballare», propone alzandosi.

Non dico niente e faccio quanto mi ha detto, mi avvicino posandogli di nuovo le mani sulle spalle.

Sento una scossa lungo la schiena appena le sue mani si posano sui miei fianchi; socchiudo gli occhi e per un istante riesco a scordare tutto, i messaggi, il nostro soggetto ignoto, e assaporo soltanto questo momento insieme a lui.

34. Liam

Nella stanza riecheggiano solamente le note dei Muse miste ai nostri respiri. So quanto tutto questo sia sbagliato ma per una sera voglio soltanto assecondare ciò che provo quando sono insieme a lei.

Mi avvicino ancora annullando così il poco spazio rimasto tra noi quando al mio orecchio mi chiede con un sussurro:

«Hai detto che con me stai infrangendo tutte le tue regole».

Incrociando i suoi occhi castani le dico:

«Esatto, penso che non riuscirò a rispettarne nessuna».

Vedo un lieve sorriso sulle sue labbra.

«Le cose semplici non mi sono mai piaciute».

«Lo stesso vale per il sottoscritto», preciso io di rimando.

«Sono curiosa di sapere di quali regole parli».

Proseguiamo a muoverci, le sue mani stanno scendendo giù lungo la mia schiena.

«Una è mai bere sul lavoro».

«Tecnicamente stasera non stai lavorando», puntualizza lei con voce suadente.

«Altra regola, mai dare troppa confidenza, mischiare lavoro e ciò che sono quando smetto i panni del detective può portare solo guai».

Di nuovo posa i suoi occhi nei miei.

«Quindi hai appena detto che con me hai mescolato tutto?»

La guardo e per un attimo non rispondo, poi mi sento dire:

«Sei tu che in qualche modo rendi semplice questo, sei riuscita a far uscire anche quel Liam che da tanto se ne stava da parte».

Avverto l'irrefrenabile impulso di baciarla, di sentire ancora le sue labbra sulle mie.

Clementine sorride, le sue mani si intrufolano tra i miei capelli e continua:

«Immagino che se tu mi baciassi adesso infrangeresti un'altra regola».

«Per favore Clementine smettila, perché il mio autocontrollo potrebbe incrinarsi».

Non capisco davvero come questa ragazza, così diversa da quello che sono io, riesca a farmi provare questo miscuglio di sensazioni contrastanti.

«E se, invece, fossi io a baciarti?»

I suoi occhi sono fissi nei miei.

«Così non vale», mi limito a dire.

Mi guarda e posa la sua bocca sulla mia, leggera come una carezza appena accennata.

Poi si sposta appena e sulle mie labbra mi chiede:

«Mi sembra che invece, nonostante tutto, tu riesca a mantenere un certo controllo...»

Sorrido appena e sulle sue labbra mi limito a sussurrare:

«Baciarmi non vale...»

Sono io adesso a baciarla, la mia bocca si muove sulla sua come se la conoscesse da sempre; un bacio che si prende tutto il tempo che desidera e che si fa sempre più audace.

Le sue mani si muovono lente sulla mia schiena, a ogni suo tocco avverto il desiderio di andare avanti, di volere di più, di bramare tutto di lei.

La sollevo appena posandola sulla penisola della cucina, lei mi cinge i fianchi con le cosce proseguendo a baciarmi.

Possibile che non riesca a resisterle?

Le sue mani si infilano sotto alla mia t-shirt, salgono lente fino alla clavicola per poi riscendere piano lungo i miei addominali tesi al suo tocco.

Scendono ancora, sento le sue dita armeggiare con la mia cintura, dovrei fermarla adesso perché so che poi diventerebbe impossibile.

«Non possiamo...», provo a dichiarare senza spostare la mia bocca dalla sua.

Lei non mi dà ascolto, dalla cintura le sue mani passano ai miei jeans.

Poi, ignorando i miei desideri, la allontano.

«Clementine tutto questo è sbagliato e per di più tu hai bevuto, non so neppure quanto tu sia sobria».

Mi guarda.

«Non sono così ubriaca da non sapere ciò che sto facendo e ciò che voglio».

Si avvicina di nuovo e mi attira a sé.

Fisso per un istante i suoi occhi e le sue labbra che sembrano solo implorare un altro bacio, so che sto commettendo un errore ma stasera so già che tutte le mie regole saranno lentamente infrante, tutte.

Riprendiamo da dove eravamo rimasti, baci che chiedono di più, di andare oltre.

Smetto di pensare e ascolto solo le sensazioni che sto provando adesso che sono qui con lei.

35. Clementine

A ogni bacio, a ogni suo tocco mi sembra quasi di impazzire; non ho mai desiderato tanto qualcuno come Liam in questo momento.

Tra un bacio e un altro mi solleva, le mie cosce strette attorno ai suoi fianchi, e senza smettere di baciarmi, mi porta in salotto, facendomi sdraiare sul divano.

Riesco a sfilargli la maglietta, le mie mani gli accarezzano le spalle e percorrono piano la sua schiena tesa. Noto sul fianco un tatuaggio, una scritta, ci passo le dita come a seguirne il profilo.

Con una lentezza da farmi quasi impazzire, le sue mani si fanno strada sotto alla mia camicetta; avverto una scossa quando le sue dita si soffermano un istante di troppo sul pizzo del mio reggiseno.

Mi sbottona la camicetta facendola cadere sul tappeto, i suoi baci dalle mie labbra disegnano una scia che scende giù, sulla clavicola per poi fermarsi ancora sul mio seno.

In modo goffo riesco a sbottonargli i jeans, lui con abilità invece mi sfila i leggings che si vanno ad aggiungere agli altri abiti sul tappeto.

Con una mano tiene le mie oltre la mia testa e con l'altra mi accarezza scendendo fino all'elastico dei miei slip.

Lo desidero a tal punto che mi sembra di impazzire.

Per un attimo mi fissa negli occhi.

«Possiamo ancora fermarci se lo vuoi...», ammette praticamente sulla mia bocca.

«Ti voglio Liam, adesso».

Senza aggiungere altro mi sgancia il reggiseno proseguendo a baciarmi, le sue mani mi fanno perdere la ragione.

Quando anche la poca stoffa rimasta a separarci è sul tappeto mi guarda ancora negli occhi come se volesse una conferma.

«Liam voglio fare l'amore con te...»

Senza aggiungere altro mi perdo completamente in lui.

***

Nella stanza si sentono solo i nostri respiri misti al rumore della pioggia.

La mia testa è appoggiata al suo petto, le nostre gambe intrecciate sotto al plaid.

Con una mano mi accarezza la guancia e l'altra invece disegna dei cerchi sul mio fianco.

«Ti ho fatto davvero infrangere tutte le tue regole?», gli domando sfiorando con le dita il suo tatuaggio.

Mi guarda continuando ad accarezzarmi.

«Tutte tranne una, non mi era mai accaduto...»

Nei suoi occhi, tutto d'un tratto, leggo una nota di malinconia.

Mi sposto per poterlo osservare con attenzione.

«Sai, qualcosa di te Liam mi sfugge... dev'esserci qualcosa di cui non parli volentieri».

Non dice niente, si limita a muovere ancora la sua mano sulla mia schiena, poi sfiorandomi l'incavo della spalla bisbiglia:

«Ammetto che mi ero fatto un'idea sbagliata, ti vedevo come la solita ragazza ricca che senza muovere un dito ha sempre potuto ottenere ciò che voleva ma poi, ho capito che non eri così... eri diversa.

Eri tutto ciò da cui mi ero ripromesso di stare alla larga, perché quelle come te, Clementine, possono spezzarti davvero e poi, per esperienza, so che ricomporre i pezzi non è semplice».

Appoggio di nuovo la testa al suo petto e mi soffermo ad ascoltare il ritmo regolare del suo cuore.

«Ti va di farmi conoscere anche questa parte di te, Liam?», provo a domandargli stringendomi a lui.

«Ero da poco stato nominato vicecommissario quando mi venne chiesto di seguire dei traffici di droga tra Liverpool e la Colombia», inizia a dire.

«Proprio in quel periodo conobbi una ragazza, era dolce, simpatica, mi faceva ridere e me ne innamorai. Il lavoro andava alla grande tant'è che riuscii a intercettare un carico intorno al quale girava molto denaro sporco. Una mattina, Nora uscì sulla porta per portarmi l'ombrello quando una moto si fermò e uno dei due uomini cominciò a sparare.

Sia Nora che io rimanemmo lievemente feriti e in quel momento decisi che se avere una relazione con il sottoscritto portava a questo, preferivo stare lontano dall'amore, non volevo far rischiare nessuno e la lasciai. Anni dopo la rividi, aveva trovato un uomo tranquillo, un architetto, con il quale aveva creato una famiglia, era contenta.

Non volevo più innamorarmi, solo sesso occasionale senza troppi coinvolgimenti».

Poi si protende verso la mia bocca e mi bacia, piano con dolcezza.

Restiamo così per qualche istante poi esclama:

«Quando siamo venuti qui e ho capito che tu potevi incrinare la mia corazza ho cercato di starti lontano, non volevo commettere il medesimo errore ma tu invece con quel tuo sorriso, quel tuo continuo parlare, le tue battute argute e quella tua smisurata dolcezza che diventa spesso sensualità, hai abbattuto ogni argine».

Lo ascolto, vorrei solo urlargli che penso di essermi innamorata di lui, ma invece sussurro:

«Quello che posso dirti è che con te Liam mi sento diversa, riesci a farmi essere ancora la ragazzina spensierata che veniva qua nelle vacanze e tutto questo mi piace da impazzire».

Mi guarda e sorridendo mi sposta sopra di sé.

«Che ne dici se adesso la smettessimo un attimo di parlare e riprendessimo quello che stavamo facendo?»

«Ci devo pensare caro detective, perché sono una ragazza molto impegnata e poi anche Constable reclama le mie attenzioni», mormoro io sfiorando le sue labbra con un dito.

Mi attira a sé e, baciandomi, bisbiglia:

«Il gatto può attendere».

36. Liam

Sta continuando a piovere. Clementine sta ancora dormendo, la sua mano sul mio petto e i lunghi capelli mogano che mi solleticano il viso.

Cavolo, quando ho accettato questo lavoro non avrei di certo immaginato che avrei iniziato a provare qualcosa per lei, e invece, con quei suoi occhi dolci e quei ridicoli calzini, è riuscita a risvegliare un cuore che per troppo tempo aveva scelto di restare in stand by.

Per anni mi ero imposto di stare alla larga dai sentimenti, solo sesso senza coinvolgimento ma, con lei, è tutto diverso.

Mi sposto appena, cercando di non svegliarla, per alzarmi.

Voglio arrivare al nostro soggetto ignoto, devo essere certo che nessuno possa minare la sua sicurezza in alcun modo.

Prendo dal tappeto i jeans e la mia maglietta e me li infilo, devo rivedere alcune cose del suo dossier, potrei non aver notato qualcosa.

Accendo il portatile e riguardo ogni dettaglio, ma niente, sembra non portare a niente.

Nessuna pista, da quando siamo venuti a Rose Hill, a parte il fatto dell'esplosivo, è come se il nostro stalker avesse deciso di non fare nulla, di attendere un nostro sbaglio.

Se rimane inerme ad aspettare i nostri movimenti, arrivare a lui non sarà affatto semplice.

«Che fai, stai già lavorando?»

Mi volto, si è messa soltanto la camicetta che le copre a stento il sedere, la guardo e non posso che pensare a quanto sia sexy.

«Il divano per entrambi era decisamente scomodo, così ho pensato di rivedere qualcosa al computer».

Si avvicina, a ogni suo movimento la maglia si solleva leggermente, e io devo ancora ricorrere a quel che rimane del mio autocontrollo per non sdraiarla sul letto e baciarla.

«Stanotte non mi sembrava che lo ritenessi poi così scomodo», puntualizza sfiorandomi con le labbra la guancia.

«Dovresti tornare a dormire, sono certo che il gatto verrebbe volentieri ad acciambellarsi tra le morbide trapunte del tuo king size».

Fa per voltarsi quando, con fare imbronciato, esclama:

«Se sei troppo impegnato scendo in cucina a preparami una tazza di cioccolata ma sappi che volevo farti un regalo per il tuo compleanno».

La guardo.

«Un regalo?», ripeto.

Mi guarda appena.

«Se ti interessasse, ti suggerirei di alzarti da quella scrivania e venire nella mia stanza».

Faccio come mi ha detto, a fatica riesco a spostare lo sguardo dai suoi fianchi. So che sta ancheggiando in questa maniera per farmi impazzire.

Entriamo nella sua camera, sul comò noto un pacchetto.

«Allora, era già da un po' che volevo dartelo, è un taccuino dove ho aggiunto alcuni conoscenti che sono certa non compaiano nel tuo dossier e che potrebbero anche essere il nostro uomo, quindi direi che è un regalo molto utile».

Faccio per afferrarlo quando lei lo sposta.

«Eh no, per avere il tuo regalo devi riuscire a prendermi...»

Non riesco a replicare che la vedo scappare con il mio pacchetto in mano.

Sorrido e come un ragazzino mi ritrovo a rincorrerla.

La inseguo, lei passa con abilità tra i mobili dello studio e si incammina giù per le scale, la sento ridere.

Sto quasi per prenderla quando lei si divincola e scappa in salotto; si nasconde dietro il tavolo da biliardo ma io con uno scatto la trattengo per la spalla e le cingo i fianchi con le mani.

«Adesso non puoi scappare», le sussurro.

Si volta, mi fissa con quei suoi occhi intensi in cui adesso mi sembra semplice perdermi e mi attira a sé, baciandomi.

Restiamo a baciarci, le mie mani si intrufolano sotto alla sua camicetta e si soffermano sopra ai i suoi seni.

Il suo respiro accelera, mi accarezza la schiena e per farmi capire meglio le sue intenzioni mi sfila la t-shirt.

La sollevo e la faccio sedere sul tavolo da biliardo senza staccare la mia bocca dalla sua, le sue mani giocano con la zip dei miei jeans, la desidero da impazzire quando alle nostre spalle sentiamo una porta che sbatte e qualcuno che grida:

«Qualcuno mi vuole dire cosa, cazzo, state facendo voi due?»

37. Clementine

Mi volto di scatto e i miei occhi si spostano da Liam alle figure alle nostre spalle.

In imbarazzo, e alquanto scocciata, chiedo a mio fratello che mi guarda su tutte le furie:

«Dovresti dirmi tu cosa cazzo ci fai qui!»

Liam si rimette la t-shirt e prova a sistemarmi la camicetta che ormai lascia poco all'immaginazione.

Con Robert vedo Anita che, trattenendolo per la spalla, sembra alquanto divertita.

«Per favore Clemmy, non mi sembri certo nella situazione di poter replicare: veniamo qua di prima mattina partendo da Londra nella notte per non farci vedere da nessuno pensando di farti cosa gradita e invece ti trovo mezza nuda, sdraiata sul tavolo da biliardo che stai...»

Si passa la mano sul mento.

«Non voglio neppure pensare a cosa stavate per fare altrimenti, detective Darren, garantisco che ti metterei le mani addosso».

Mi avvicino arrabbiata a mio fratello:

«Eh no, Rob, da te proprio non voglio sentir dire niente a tal riguardo: prima di Anita ogni sera ti portavi a casa una donna diversa! Ti sei scopato, praticamente, quasi tutta la popolazione femminile di Londra e adesso vieni qua a farmi la morale?»

Liam, in imbarazzo, esclama:

«Robert, capisco che vedere tua sorella in determinati atteggiamenti possa darti fastidio ma non dovresti arrabbiarti con Clementine».

Anita si avvicina:
«Robert, cosa fa Clemmy non ti riguarda, è una donna ormai e può fare ciò che vuole...»
Sorrido a mia cognata per questa sua coalizione femminile.
Mio fratello riprende a dire:
«Tu, Clemmy, fammi il piacere di andare a metterti qualcosa che ti copra quantomeno il sedere che io voglio fare una chiacchierata con il nostro vicecommissario!»
«Comprendo che tu non abbia apprezzato vedere tua sorella con un uomo ma di certo non starò qua a scusarmi per quello che stavo facendo», si difende Liam intrecciando le sue dita alle mie.
Poi, prosegue:
«Ammetto che, soprattutto nel mio lavoro, non si dovrebbe mescolare la propria professione con i sentimenti, ma Clementine mi piace davvero e ciò che dovrebbe interessarti è che io riesca a garantire la sua sicurezza e ti assicuro che è quello che sto facendo».
Anita sposta lo sguardo da noi a Robert e, con dolcezza, prova a suggerirgli:
«Penso che, soprattutto, tu e io dovremmo capire quello di cui ci sta parlando il detective; quando ho iniziato a lavorare per tuo padre per riorganizzare il tuo appartamento e le tue sconclusionate abitudini non avrei di certo immaginato che mi sarei innamorata di te e invece eccoci qui... ricordati che pure io avevo provato a negare quello che provavo ma sarebbe stato soltanto un errore».
Rob guarda con occhi innamorati la sua rigorosa Personal Organizer e vedo spuntare sulla sua bocca quel sorriso simpatico che quando eravamo bambini gli faceva ottenere sempre ciò che voleva.

«Piuttosto, che ne dite di gustarci una sostanziosa colazione? Clemmy, mettiti qualcosa che Rob e io prepariamo dei pancakes», mi consiglia Anita.
Mi avvicino a mio fratello:
«Cosa aspetti ad abbracciarmi? Anche se adesso fai tanto l'uomo giudizioso sei sempre il mio divertente fratellone».
Robert mi guarda e mi stringe.
«Ricorda che il tuo ragazzo per il momento non mi piace per niente», mi sussurra.
Rido.
Poi stringo anche Anita in un abbraccio:
«Grazie, ho pensato davvero che Robert potesse mettergli le mani addosso».
«Dai, ora vai a cambiarti».

***

Quando ritorno in cucina vedo Anita intenta a preparare la colazione e mio fratello che, in modo amichevole, sta parlando con Liam.
«Sembrano squisiti», ammetto osservando alcuni pancakes che mia cognata sta decorando con sciroppo d'acero e altri con la cioccolata.
«Liam mi stava dicendo che sia lui che il suo capo stanno lavorando per acciuffare il nostro uomo e che per adesso nessun dipendente o ex dipendente della Danton Hotels sembrerebbe in qualche modo immischiato».
Liam mi guarda e puntualizza:
«Come stavo illustrando a Robert, riguardando con attenzione tutto il dossier, direi che il soggetto ignoto non deve avere alcun legame con la vostra società. Mi sentirei

invece di spostare la nostra attenzione a Stirling. A mio avviso è lì che devi aver conosciuto il nostro uomo».

Mi siedo.

«Pensi a qualche amico dell'università?»

«Non ho detto che sia un tuo coetaneo, potrebbe essere qualcuno che lavora in un dipartimento, un assistente, qualcuno che abita nel tuo stesso palazzo, qualcuno che vedi abitualmente. Probabilmente avrà provato a parlarti e nutre un'ossessione nei tuoi riguardi».

«Sentite, non ho intenzione di mangiare questi deliziosi pancakes parlando di soggetti ignoti e quant'altro. Piuttosto, come mai siete venuti qui? Se ti conosco, dev'esserci una ragione se hai deciso di attraversare la campagna inglese per venire a Rose Hill...»

Mio fratello guarda la sottoscritta e poi i suoi occhi si spostano su Anita ed entrambi si mettono a ridere.

«A quanto vedo, Clemmy, non puoi assolutamente prenderla in giro», precisa Anita.

«Allora, cosa state aspettando? Mi volete dire cosa state combinando?», domando.

Robert si passa la mano sul mento poi si avvicina ad Anita stringendola a sé.

«Le ho chiesto di sposarmi. Per adesso abbiamo dato la lieta notizia solo a te e a Sullivan. Volevamo aspettare che tu potessi rientrare a Londra per dirlo anche a mamma e papà e ovviamente se siamo qui è per domandarti se vuoi farmi da testimone».

Non gli permetto di aggiungere altro che, con slancio ed entusiasmo, mi alzo per abbracciare mio fratello.

«Accidenti... e tu me lo chiedi? È naturale che ti farò da testimone, sono davvero contenta ragazzi».

Poi vado ad abbracciare mia cognata.

«Devo farti i miei complimenti, non immaginavo che qualcuno sarebbe riuscito a farlo diventare un uomo rispettabile e affidabile».

Poi il mio sguardo si posa sull'anello che Anita porta al dito e che, sbadatamente, non avevo ancora notato.

«Accidenti, hai fatto le cose proprio come si deve, è meraviglioso! Adesso voglio anche sapere come e dove mio fratello ti ha chiesto di sposarlo!»

Restiamo in cucina tra risate e varie prese in giro, parliamo della dichiarazione che le ha fatto Robert proiettando sul molo di Saint Katharine Docks la scritta: "Marry me?" e illuminando tutto il porticciolo con tante lanterne volanti e, ovviamente, dei progetti per il loro grande giorno.

Anche Liam si complimenta con loro, mio fratello dopo l'assurdo incontro di questa mattina, in cui ci ha trovati piuttosto impegnati, sembra tranquillo.

«Ragazzi, ci ha fatto davvero piacere vedervi ma noi dobbiamo rientrare a Londra. Sto cominciando a lavorare per una manager alquanto esigente e non posso arrivare di certo in ritardo e anche Rob ha una videoconferenza con alcuni azionisti della Danton Hotels», dichiara Anita.

Li abbraccio.

«Sono contenta che siate passati; quando lo direte alla mamma impazzirà, è da tanto che sogna un matrimonio per suo figlio e dei nipotini che corrono per casa».

Rob si sofferma qualche attimo con Liam, immagino che stiano parlottando del nostro uomo, e poi sale in macchina con Anita.

Restiamo in giardino a guardare l'elegante Lexus scendere giù lungo il sentiero.

Mi volto, mi avvicino al mio sexy detective e poso le mie labbra sulle sue.

«Oggi niente lavoro, prendi le chiavi della macchina!»
Mi volto, lo sento sbuffare ma so già che sulle sue labbra è spuntato quel suo sorriso che mi fa impazzire.

38. Liam

La seguo in casa e salgo in camera per prendere il giaccone.

Cavolo, nonostante mi continui a ripetere che tutto questo sia un errore di portata colossale, mi ritrovo a sorridere come uno stupido.

O forse, questa è invece la cosa più sensata che abbia fatto in questi anni perché Clemmy è tutto ciò che ho sempre desiderato: una donna che riesca a farmi ridere, con la quale non si può dare niente per scontato perché lei è tutto fuorché banale e che sa decisamente quello che vuole.

Per tutto questo tempo è come se avessi messo in pausa i miei sentimenti e adesso che lei è riuscita a premere di nuovo il tasto "play" sul mio cuore non voglio altro che continuare a stringerla tra le mie braccia e assaporare ogni bacio.

«Allora vieni? Non dicono che sono le donne a impiegare un sacco per vestirsi?», mi prende in giro lei.

Per un attimo non dico niente, guardo quegli occhi furbi e sensuali e non posso che pensare che sia davvero riuscita a farmi infrangere anche la mia regola più importante.

«Arrivo! Piuttosto dove vuoi andare?», provo a chiederle.

«Non ti dirò niente se non che è un luogo magico».

Afferro il piumino e, mettendole un braccio sulle spalle, ci incamminiamo di sotto.

***

Non ho la minima idea di dove mi voglia portare, mentre guido di tanto in tanto mi volto a guardarla cantare le hit del momento che passano alla radio.

«Allora, tu ferma la macchina anche qui, tanto possiamo tranquillamente andare a piedi».

Faccio come mi ha detto, ho già capito che con quei suoi occhi dolci riesce sempre a farmi fare tutto ciò che vuole.

Siamo nei pressi della rinomata cattedrale, soffia un vento leggero che le scompiglia i lunghi capelli e alcune nubi fanno sembrare il paesaggio una cartolina.

Intreccia le sue dita alle mie e ci incamminiamo per il vialetto in ciottoli che si snoda fino al centro della città.

«Immagino che questo posto non dovrebbe essere molto distante», provo a dire.

Lei, con naturalezza, si sofferma appena per darmi un frettoloso bacio, come se questa fosse già una dolce abitudine tra noi.

«Mio caro detective, direi che praticamente siamo arrivati».

Non riesco a capire.

«Ma dove vorresti portarmi? A parte il sentiero che conduce alla cattedrale non vedo altro, sempre che tu non voglia andare in centro per qualche compera!»

«Anche se non direi mai di no a un po' di sano shopping, non è quello che faremo... andremo là», esclama entusiasta indicando la cattedrale.

Sorride e tira fuori da quella sua sofisticata *Hermès*, di cui onestamente non ricordo il nome, lo smartphone e mi mostra lo screenshot di un QR code.

«E questo cos'è?»

«Semplice, la nostra prenotazione! Il ragazzo addetto alla guida turistica della struttura è il nipote di una cara amica di mia nonna, abbiamo spesso giocato insieme da bambini, quindi è stato piuttosto semplice ottenere i biglietti anche per salire sul campanile».

Mi sorride e, tirandomi per la mano, aggiunge:

«Non dirmi che odi l'altitudine detective!»
La guardo e mi metto a ridere.
«Su piccola prepotente, andiamo! Ci attendono parecchi scalini a quanto vedo...»

***

Clementine, con passione ed entusiasmo, mi narra la storia di questa imponente cattedrale e io mi ritrovo ad ascoltarla proprio come facevo da piccolo quando mia mamma mi leggeva le favole della buonanotte.
«Il tesoro più prezioso della cattedrale è ovviamente la Magna Carta, documento che viene ritenuto essere la prima costituzione che sia stata scritta. Questa è quella meglio conservata...»
Continuiamo a camminare tra le navate, tutt'intorno non si sentono rumori se non il ticchettio delle scarpe di alcuni turisti.
«Questo orologio, ancora in uso, è il più antico del mondo. Pensa che è di una precisione incredibile considerato che il meccanismo è quello originale dell'epoca».
Essendo bassa stagione i turisti non sono molti, seguo Clemmy e cominciamo ad arrampicarci per i ripidi gradini.
A fatica provo a spostare lo sguardo da quei suoi jeans che le fasciano il sedere in modo sensuale, quantomeno la salita è resa piacevole dal "panorama" che ho sotto al naso.
«Mi sento decisamente osservata, lo so che stai fissando il mio fondoschiena!», dichiara, come se avesse letto nei miei pensieri, voltandosi appena per incrociare il mio sguardo.
Alzo le mani insegno di resa.
«È cosa ardua non guardare qualcosa di così interessante...», replico io ridendo.

Siamo sulla cima del campanile, da qui si riesce a vedere tutta la campagna del Wiltshire. Mi avvicino, da dietro le cingo i fianchi abbracciandola e poso il mento sulla sua spalla respirando l'odore ormai familiare del suo shampoo.

«Era da tanto che non mi sentivo così», le sussurro.

Inclina appena il viso.

«Sai detective, forse tutto questo è un sogno, o magari è un incantesimo che si spezzerà, ma quello che so per certo è che tu mi riempi il cuore. Non penso di riuscire a spiegarlo, forse tutto si racchiude soltanto in due semplici parole: sono innamorata di te».

Per un attimo non dico niente, poi la faccio girare per poterla guardare.

«So che correggere una donna è sbagliato, ma hai fatto un errore».

Mi fissa.

«Non sono solo due parole...», le sussurro posando le labbra sulle sue.

Questo bacio è diverso dagli altri, non è avido e non vuole spingersi oltre, si prende tutto il tempo che vuole, è dolce, sa di sciroppo d'acero e cioccolato amaro.

Non ho idea per quanto siamo rimasti lì in piedi su quel campanile spazzato dal vento a baciarci... quando i ritocchi ci avvisano che dobbiamo scendere mi sposto e, praticamente sulle labbra, mormoro:

«Direi che dovremmo incamminarci».

Mi dà un altro bacio e cominciamo a scendere facendo attenzione a non scivolare.

39. Clementine

Non mi riconosco, senza alcun imbarazzo ho appena detto a Liam di essermi innamorata di lui; non so come ma è riuscito a tirar fuori un lato del mio carattere che non pensavo neppure di avere.

Con lui riesco a essere completamente me stessa, senza paura che un mio comportamento inopportuno possa deludere qualcuno, senza filtri, solo io con i miei pregi e difetti.

Senza mai staccare la mia mano dalla sua passeggiamo ancora qualche istante tra le navate. I pochi turisti sono usciti così ci sediamo qualche attimo su di una panca per ammirare questa imponente costruzione.

Mi avvicino e gli dico piano:

«Spesso, quando eravamo qui in vacanza d'estate, mia nonna veniva qua ad ascoltare le prove del coro e poteva capitare che anch'io l'accompagnassi. Mi ricordo che quelle note mi infondevano una particolare sensazione di gioia e serenità, sensazioni che non avevo più provato».

Trovo il suo sguardo e aggiungo:

«Le stesse che sento anche adesso che sono qui con te».

Fa per dire qualcosa ma un giovane addetto alla vendita di cartoline e altri articoli si avvicina.

«Scusate ma dovreste uscire, la cattedrale sta chiudendo», ci informa sorridendo.

Ci alziamo, si sente il rumore delle nostre scarpe riecheggiare tutt'intorno, Liam mi attira a sé e, abbracciati, ci incamminiamo nel vasto giardino.

«Allora, ti è piaciuta?»

«È incantevole e maestosa al contempo, l'ho apprezzata molto».

«Sai, amando molto la pittura di Constable e avendo lui stesso riprodotto su tela diversi scorci di questa cattedrale, ho letto molti libri che ne parlano. Dicono che, diversi secoli fa, i ragazzi delle famiglie nobili facevano a gara a scalare il campanile da ubriachi e chi vinceva faceva pipì sugli altri che erano restati indietro. Questa scellerata abitudine venne poi vietata non tanto perché ritenuta pericolosa ma poiché sconveniente».

Ridendo aggiungo:

«Ho sempre pensato che anche mio fratello lo avrebbe fatto! Prima di imbattersi in Anita era decisamente uno scapestrato».

Vedo spuntare sulle sue labbra quel suo solito sorriso che tanto mi piace, mi dà un altro bacio e, intrecciando le sue dita alle mie, seguiamo il vialetto per andare in centro.

«Voglio comprare quelle deliziose ciambelle glassate, gli *Weetabix* cominciano a non piacermi più molto».

«Finalmente te ne rendi conto, sono immangiabili, sembra un agglomerato di cartone!», mi canzona lui.

***

Siamo seduti in una piccola pasticceria con un cappuccino gigante, un caffè sotto al naso e un mix di ciambelline dalla glassa colorata.

«Sai, mi chiedo perché tu non voglia davvero studiare qualcosa che abbia a che fare con l'arte o con la pittura inglese. Dovresti seguire il tuo sogno senza paura di deludere nessuno...»

Sollevo gli occhi dalla mia tazza.

«Ci avevo pensato, ma la mia carriera è con Robert alla Danton Hotels, sia mio padre che mio nonno hanno lavorato sodo per riuscire a costruire la nostra rinomata catena di alberghi di lusso e onestamente non vorrei scontentare nessuno».

Liam mi guarda.

«Vedi, non dovresti preoccuparti solo di quello che vorrebbero gli altri da te, dovresti anche pensare a ciò che vuoi tu, Clementine».

Allunga la mano oltre il tavolo e la posa sulla mia.

«Quando parli di arte, della pittura di Constable, emani tanta passione e amore, sembra davvero il tuo sogno. Potresti sempre decidere di lavorare sia nell'impresa di famiglia che magari provare a collaborare con qualche pinacoteca o galleria di Londra. Tanto adesso, hai detto tu stessa, Robert è diventato un uomo rispettabile adatto a essere a capo della vostra catena di alberghi».

Si porta la tazza alle labbra, sembra pensare assaporando quel suo cappuccino gigante.

«Potrebbe essere un'idea, quando rientreremo a Londra guarderò se la National Gallery o la Wallace Collection fossero interessate a farmi lavorare per loro».

Posa un dito sul mio labbro.

«Avevi della schiuma del tuo cappuccino».

Mi protendo per poterlo baciare, lui risponde con passione al mio bacio.

Quando mi sposto, lui, passandosi la mano sul viso, dove noto un lieve accenno di barba che lo rende decisamente sexy, esclama:

«Vorrei tanto poter fare in questo momento ciò che mi passa per la testa, ma siamo in una caffetteria e non vorrei essere arrestato per atti osceni...»

Mi metto a ridere.

«Se la metti così direi di tornare a Rose Hill, penso di poter soddisfare i tuoi desideri, mio caro detective!»

Compriamo altre ciambelle da assaporare con calma a casa, magari abbracciati sul divano, costringendolo a guardare uno di quei sdolcinati film con Julia Roberts di alcuni anni fa, e ci incamminiamo per le stradine in ciottoli del centro.

Di tanto in tanto mi volto, i nostri sguardi si trovano e il mio cuore fa una capriola su una montagna di panna montata.

40. Liam

Siamo abbracciati nel suo letto, le mie mani le accarezzano la schiena.

«Tutta questa attività fisica, a cui non ero indubbiamente abituata, mi ha fatto venire una fame assurda!»

La guardo alzarsi e infilarsi la mia camicia.

«Scendo, vorrei gustarmi con calma quelle deliziose ciambelline che minano il mio fondoschiena con i loro grassi insaturi».

Non posso non posare di nuovo gli occhi sul suo sedere.

«Non mi preoccuperei affatto per quello, mi sembra assai piacevole sia al tatto che da osservare», replico io.

«Detective, questa conversazione sta diventando decisamente vietata ai minori...», mi ricorda lei, ridendo.

«Devo guardare alcune cose al pc, poi scendo. Mi raccomando non mangiartele tutte!», replico io di rimando afferrando i jeans dal tappeto.

Mi soffermo su alcuni documenti, a quanto sembra anche a Londra non hanno tracce da poter seguire. Leggo una mail del mio capo in cui mi dice che, se tutto rimanesse in questo modo, dovremmo rientrare e la denuncia finirebbe "sospesa".

Richsalton ritiene che, tutto questo, possa essere stata opera di qualche giovane fanatico che cercava solo di divertirsi; è dall'esplosivo rinvenuto nell'auto di Robert che è come scomparso.

Adesso che ho capito di provare qualcosa per Clementine, non sarà affatto semplice ragionare con quel distacco che dovrei sempre tenere nel mio lavoro, ma qualcosa mi suggerisce che ci sta sfuggendo qualcosa.

Provo a ricapitolare tutto: i messaggi, lo spyware installato nel suo cellulare, la conoscenza delle sue abitudini fino al foglietto nel suo appartamento.

Qualcuno non può introdursi in un domicilio per mero divertimento, no, a mio avviso dietro a tutto questo dev'esserci una persona che nutre davvero un odio tangibile per i Danton.

Ho eliminato ogni dipendente o ex dipendente dei loro alberghi perché, dai loro tabulati telefonici, nessuno avrebbe scritto quei messaggi e soprattutto, nel momento in cui sono stati inviati, ognuno di loro era al lavoro, alibi più che affidabile.

E allora cosa mi sta sfuggendo?

Sento bussare alla porta.

«Hai intenzione di restartene qua tutto il tempo?», mi domanda lei appoggiata allo stipite della porta.

La guardo, chiudo le tante schede aperte sul mio portatile e la seguo.

***

Abbiamo guardato, o meglio, sono stato praticamente costretto a guardare Pretty Woman mangiando ciambelle e sorseggiando *Coca Cola*.

«Quando ci siamo conosciuti amavi quei tuoi *Weetabix*, mentre adesso ti sei data alle ciambelle, decisamente un notevole salto di qualità!», la prendo in giro io.

«Questa vacanza mi ha fatto capire quello che voglio davvero, ho imparato che i propri sogni vanno sempre coltivati per cercare di realizzarli... sono diversa, non ho più paura di deludere gli altri, voglio essere io a scegliere. Alcune cose, invece, rimarranno sempre le stesse, resterò fedele alla mia

Coca zero un po' come tu, al tuo caffè. Certi amori non passano mai».

La guardo, sì, certi amori non passano davvero mai e no, non sto parlando del caffè, parlo di lei.

«Sai, spesso ti ho detto che noi due apparteniamo a mondi distanti che non potevano incontrarsi...»

Le accarezzo la guancia e proseguo:

«Poi ho ricordato una cosa che mi aveva detto mia mamma molto tempo fa: una leggenda narra che il sole e la luna sono da sempre stati innamorati l'uno dell'altra ma che non avrebbero mai potuto stare insieme dato che la luna si alza proprio quando il sole se ne va a riposare. Così venne creata l'eclissi come prova che nessun amore è impossibile».

Si avvicina.

«Sai Liam, forse è proprio per questo che ti amo».

Vorrei dirle che sono innamorato e che la amo come non ho mai davvero amato nessun'altra, ma non so cosa mi trattiene.

Poi mi attira a sé e posa le sue labbra sulle mie.

Siamo rimasti non so per quanto tempo lì, seduti sul divano a baciarci, in sottofondo qualche vecchia replica che viene riproposta alla tivù, lontani da tutto.

«Posso dormire con te?», mi domanda lei facendomi gli occhioni dolci proprio come potrebbe fare un bambino che chiede un altro pezzo di cioccolata alla mamma.

«Non capisco perché tu me lo chieda... mi sembra di ricordare che ti sia già trasferita nel mio letto!», la canzono io salendo la scalinata in pietra serena.

Lei si avvicina e mi avvolge in un abbraccio.

«Volevo solo sentirmelo dire...»

Rido.

«Allora se questo ti rende contenta ti posso dire che mi fa molto piacere dividere il mio letto con te anche se spesso mi ritrovo un tuo pugno conficcato tra le costole».

Mi dà una pacca sulla spalla.

«Su dai, andiamo a dormire che dovrei alzarmi per lavorare, non vorrei essere licenziato, sai?»

La guardo mettersi il pigiama, quei suoi bizzarri calzini e infilarsi nel letto.

Mi sdraio e lei subito si acciambella tra le mie braccia.

«Resta per sempre, Liam», mi sussurra mezza assonnata posando la sua bocca sulla mia.

Le accarezzo la guancia e rimango lì a osservarla.

Non so come e neppure quando ma, senza che davvero me ne rendessi conto, Clemmy mi è entrata nel cuore... facendolo diventare suo.

Lei sta già dormendo, io mi avvicino, le sfioro appena le labbra e le sussurro piano:

«Ti amo...»

So di aver appena infranto un'altra regola.

41. Clementine

Le giornate trascorrono tranquille, siamo riusciti a ripristinare quasi tutto il parco e Liam sta cominciando pure a fare amicizia con Constable anche se continua a dire che non sopporta i gatti.

Di certo, quando incrociai il mio sguardo con il suo alla Danton di Piccadilly, non avrei proprio immaginato che mi sarei innamorata del sexy, quanto tenebroso, detective di polizia.

Con lui mi sento bene, vivo sensazioni che non avevo mai provato perché forse non mi ero mai innamorata davvero.

Anche se non ne abbiamo parlato so che, non avendo alcuna pista da seguire, Liam dovrà rientrare a Londra per riprendere il suo lavoro e io, invece, dovrei rientrare a Stirling.

Sto passeggiando tra le alte magnolie, il vento è leggero e si inizia a respirare l'odore delle piante che stanno mettendo le nuove gemme.

Non essendo venuta a Rose Hill per tanto tempo avevo quasi scordato quanto amassi questo giardino; è come se il tempo si fosse fermato e qui si potesse davvero ascoltare il proprio cuore.

E io ho tutte le intenzioni di starlo a sentire.

Constable mi ha seguito, si struscia ai miei pantaloni per reclamare qualche carezza e ovviamente un po' di quei croccantini al pollo e carote per i quali va matto.

«Ho capito, adesso entriamo e ti do un po' di pappa!» rassicuro, sorridendo, il simpatico micio.

Mi fermo in cucina per soddisfare le richieste del mio amico e poi vado in salotto.

Liam sta ancora lavorando.
«Allora detective cosa dicono da Londra?» gli domando.
Lui si volta.
«Per il commissario Richsalton il mio lavoro qua è finito, la vostra denuncia si aggiungerà alle altre insolute e tu potrai rientrare a Stirling».
Sembra nervoso, si alza e fa per incamminarsi su per le scale.
«Vado a sistemare le cose in valigia».
Poi aggiunge:
«Anche tu dovresti fare lo stesso».
Lo seguo in quella che, per tutto il tempo trascorso a Rose Hill, è stata la sua stanza e mi soffermo a guardarlo mettere i propri abiti nel trolley.
«Liam, e adesso cosa pensi di fare?»
Si volta.
«Semplice, mettiamo i bagagli in macchina e torniamo a casa».
Per qualche istante non dico niente, poi mi avvicino al suo trolley aperto sul tappeto ed esclamo:
«Quello lo avevo intuito anche se al momento non so collegare la definizione di casa ad alcun luogo. Potrei tornare alla villa di Kensington dai miei oppure salire sul jet della Danton e rientrare a Stirling, tecnicamente sono entrambe "casa" per la sottoscritta».
Smette per un attimo di ripiegare i pullover e, incontrando i miei occhi, dichiara:
«Sai, immagino che casa mia non possa vantare le stesse rifiniture di pregio della vostra villa però, proprio a pochi passi dal mio appartamento, hanno aperto una piccola pasticceria che fa dei cupcake deliziosi e immagino che potrebbero piacerti».
Lo guardo, non so se ho capito o se invece sto sognando.

«Sbaglio o mi hai appena chiesto di venire ad abitare con te?»

Si avvicina, mi appoggia le mani sui fianchi.

«Sai, non riesco proprio a immaginare di non vederti gironzolare per casa quindi sì, ti ho appena chiesto di venire a vivere con me. Forse è da pazzi, lo so, ma tu signorina Danton sei riuscita a farmi infrangere tutte le mie regole».

Un sorriso spunta sulle mie labbra.

«Però dovremmo portare con noi Constable non possiamo farlo rimanere qua...»

Mi avvicino e poso la mia bocca sulla sua.

«Se fai così non riesco a dirti di no, ormai lo sai, se mi baci non vale...»

Con slancio lo abbraccio.

«Ti amo», gli sussurro.

***

Le nostre valigie hanno dovuto attendere, abbiamo deciso di fare qualcosa di decisamente più allettante e piacevole.

Liam, dopo aver fatto la doccia, è andato in paese per comprare una gabbietta dove far viaggiare Constable e io, invece, sto cercando di chiudere il mio trolley sedendomi sopra a esso proprio come si vede spesso fare nei film.

Inizio a pensare che dovrei chiedere ad Anita qualche sessione di *decluttering* e anche alcuni suggerimenti per organizzare armadi e quant'altro.

Dalla porta sento:

«Mentre tu prosegui a litigare con quella sorta di ingombrante baule, io comincio a sistemare le altre cose in macchina e ovviamente proverò a infilare il dispettoso animale nel trasportino. Mi hanno detto che se il gatto non è abituato a stare in auto potrebbe deliziarci con miagolii continui».

Mi metto a ridere.

«Dammi un attimo che scendo a darti una mano con Constable», preciso io.

Mi soffermo a osservare le stanze dove da bambina ho trascorso molte estati ridendo e giocando spensierata e che adesso sono state il luogo ideale dove far sbocciare un nuovo amore.

Esco in giardino, il vento mi accarezza il viso, mi avvicino alla *Land Rover*.

«Devo ammettere che il tuo amico non ha neppure cercato di graffiarmi, appena gli ho aperto lo sportello della gabbietta c'è subito entrato e si è messo a ronfare, credo che sapesse che stiamo tornando a casa e non aveva certo intenzione di restarsene qua senza cibo».

«Come sei arido di cuore! Constable non l'ha fatto di certo per avere sempre la pappa assicurata e una trapunta morbida dove dormire, lui ci vuole bene!», puntualizzo stizzita mettendo il broncio.

Liam mi guarda.

«Arido di cuore, eh?», ripete afferrandomi e mettendomi sulla sua spalla.

Ci mettiamo entrambi a ridere.

«Dai lo so che sotto sotto Constable inizia a piacerti!», lo stuzzico.

Saliamo in macchina e cominciamo a scendere lungo il viale, io guardo la villa che lentamente diventa più piccola alle nostre spalle.

«Penso proprio che ripenserò spesso a Rose Hill...»

Liam si volta appena a trovare il mio sguardo.

«Devo ammettere che, come dici tu, questo luogo ha in sé qualcosa di magico», confessa allungando la mano sulla mia coscia.

42. Liam

Lentamente dalle verdi campagne del Wiltshire si passa alle cittadine nei pressi della caotica capitale inglese.

Clemmy si è addormentata ascoltando le canzoni che passano alla radio con i piedi appoggiati sulle mie cosce tant'è che devo fare molta attenzione nella guida.

Io, con uno stupido sorriso sulle labbra, di tanto in tanto non posso che posare lo sguardo su quel viso dai lineamenti delicati che è riuscito a farmi innamorare.

Sì, sono innamorato di lei, amo tutto di Clementine e averle chiesto di venire ad abitare con me mi sembra la cosa migliore che potessi fare.

Tuttavia, non riesco a essere davvero contento perché qualcosa mi dice che ci dev'essere sfuggito un dettaglio che ci avrebbe fatto arrivare al nostro soggetto ignoto.

«Ehi, mi sbaglio o siamo praticamente a Londra?», mi chiede lei stiracchiandosi.

«Sì, sia tu che il nostro amico là dietro non avete fatto altro che dormire! Siamo appena entrati in città e già si procede come delle lumache... preferivo notevolmente le strade a un'unica corsia del Wiltshire», affermo scalando la marcia per immettermi nel traffico del centro all'ora di punta.

Clemmy prende dalla sua Birkin una ciambella che era avanzata dalla colazione.

«Sarà pure caotica quanto vuoi ma io la amo, posso andare ovunque ma Londra per me è l'unico posto dove potrei abitare. Passeggiare per Kensington Garden in primavera quando tutto il parco si tinge di molteplici colori oppure in autunno è qualcosa di magico...

Poi mi avvicina alla bocca un pezzetto della sua ciambella.
«Inizio ad avere un certo appetito, direi di fermarci un attimo da *Costa* per una merenda nutriente, anche perché non so quanto la dispensa di uno scapolo incallito possa soddisfare la mia fame».
La guardo e mi metto a ridere.
«Puoi sempre contare sulla tua fedele scorta di *Weetabix*!», la prendo in giro io accarezzandole la coscia.
«Sai mi chiedevo se adesso potessi usare di nuovo il mio numero per parlare con la mia famiglia e con gli amici».
Mi volto approfittando della coda al semaforo di Piccadilly Circus.
«Onestamente sarei più tranquillo se ancora per qualche tempo tu continuassi a usare l'altro numero, vorrei chiedere al commissario Richsalton di poter proseguire a tracciare ancora le tue chiamate, almeno per un po'».
Si avvicina per darmi un lieve bacio.
«Dovresti rilassarti, Liam! Penso che nessuno voglia spararmi o rapirmi. Però, se ti fa piacere, continuerò a usare quel numero».
«Grazie, sono più tranquillo».
«Figurati, non è affatto un problema».

***

Siamo sulla porta del mio appartamento, nei pressi di Covent Garden, con i nostri trolley, un gatto che miagola, un sacco di *Costa* con la nostra cena e i miei vicini impiccioni che continuano a fare domande non aspettandosi di vedermi rientrare in compagnia di una ragazza e di un animale domestico.

«Quindi Liam, la signorina è la sua ragazza?», mi chiede la signora Ruggon da dietro le lenti dei suoi occhiali.

«Sì, è la mia fidanzata e abiteremo insieme. Adesso mi scusi ma dobbiamo proprio entrare. Le auguro una piacevole serata!», taglio corto chiudendole la porta sul naso.

«Non sei stato molto cortese, voleva solo capire cosa ci facessi insieme a te!», prova a dire Clemmy.

«Dammi retta, Mrs Ruggon è solo una pettegola, si impiccia di tutti quelli che abitano nella strada».

Apro la porticina del trasportino e Constable, un po' in imbarazzo, inizia a gironzolare per casa.

«Allora...», comincio a dire allungando una mano per sfiorarle il viso, «questo modesto loft non sarà come la vostra splendida villa, ma abitare qua ha degli indubbi vantaggi, signorina Danton».

Mi guarda, immagino che abbia capito di cosa parlo.

«Davvero, detective? Sarebbe tanto cortese da mostrarmene alcuni?», ribatte lei avvicinandosi.

«Certo, con molto piacere».

Inizio a sfilarle il maglione, mi soffermo a giocherellare con il pizzo del suo reggiseno e poi delineo con le labbra una scia di baci che, dall'incavo della spalla, scendono giù fino all'elastico dei suoi leggings.

«Un vantaggio è che non dovrà sprecare tempo per spogliarsi...», le sussurro sulle sue labbra sollevandola.

Apro la porta della mia camera e la faccio sdraiare sul letto senza mai smettere di baciarla.

Le sue mani si muovono su di me, le abbasso gli spallini accarezzandole i seni, lei sussulta al mio tocco e questo mi fa impazzire.

Mi sbottona la camicia, sento le sue dita sui miei addominali tesi, la desidero, voglio tutto di lei; le sfilo i pantaloni leggeri e la mia mano si muove sulle sue cosce intrufolandosi sotto al pizzo delle sue mutandine.

Il suo respiro si confonde col mio, la sua bocca mi stordisce, mi attira a sé e, assecondandola, mi perdo in lei.

43.Clementine

Mi piace svegliarmi qui, tra le sue braccia, in questo piccolo appartamento che si affaccia proprio su Covent Garden, con l'aroma della moka appena fatta che invade la stanza.

È da quando siamo rientrati da Rose Hill che ci comportiamo come una coppia, abbiamo anche suddiviso i lavori domestici e tutto questo mi piace un sacco.

Non ero mai stata tanto contenta e appagata come adesso: sono innamorata, con Liam sono me stessa e so che lui riesce ad amare anche i miei difetti. Abbiamo deciso di aspettare il matrimonio di Robert e Anita per dire ai miei genitori della nostra storia d'amore e ho anche contattato la responsabile delle Risorse Umane della Wallace Collection che subito si è dimostrata onorata di farmi lavorare per loro part-time in modo che possa anche studiare.

Qualche giorno addietro ho parlato con Kim, era da tanto che non potevamo dialogare in tranquillità, le ho detto di Liam e del lavoro che comincerò alla Wallace Collection... mi è sembrata strana, forse non si immaginava che avrei deciso di restare a Londra.

È ovvio che mi dispiaccia non poterla più vedere tutti i giorni ai corsi ma, come le ho detto al telefono, tutto ciò che voglio adesso è qui.

Liam è uscito, so che doveva seguire dei traffici illeciti nella City, io invece passerò dalla Danton di Piccadilly per pranzare con mio fratello e poi ho intenzione di preparare una romantica cenetta.

Constable alza appena il muso quando mi vede prendere la Birkin.

«Mi raccomando non combinare pasticci, hai già demolito un intero servizio di stoviglie», gli dico accarezzandolo.

Sto per mettermi il giaccone quando sento il suono del cellulare.

Dev'essere Liam che mi manda qualche suo messaggio vietato ai minori, penso tra me arrossendo al pensiero di come abbiamo trascorso la notte.

Guardo lo smartphone e no, non è di Liam il messaggio che ho aperto.

Faccio cadere il cappotto, il cuore accelera, respiro e comincio a leggere:

"Ciao Clementine,

è da un po' che non ci sentiamo, in questo periodo mi chiedevo spesso se tu mi pensassi.

Credevi che ti avessi scordata? No, non ti ho dimenticata.

Sei stata astuta a scoparti il sexy detective della polizia... Liam Darren è un uomo molto affascinante e immagino che tu ne sarai molto innamorata.

Fai quello che ti dico e al tuo ragazzo non accadrà niente altrimenti ho già un proiettile carico per lui... altra cosa: non chiamare la polizia".

Resto qualche istante a guardare quello stupido messaggio, la testa mi gira, non voglio che accada niente a Liam, lui non dev'essere immischiato in tutto questo. Con le mani che mi tremano, mi ritrovo scrivere:

"Dimmi solo cosa devo fare per chiudere questa storia, ma stai lontano da Liam".

Aspetto, fisso il telefono, la testa mi gira e ho paura.

Un altro messaggio.

"Se farai quanto ti dico nessuno punterà la pistola sul tuo caro detective Darren, dovresti saperlo che non è lui a interessarmi.

Devi solo usare una qualsiasi scusa per toglierti dai piedi il tuo ragazzo, digli che non lo ami e che vuoi tornare dai tuoi e non fare parola con nessuno di questi messaggi..."

Mi siedo sul tappeto, delle lacrime stanno rigando le mie guance, vorrei solo poter stare con lui, con l'unico uomo che posso dire di aver mai davvero amato, ma non posso.

Constable si avvicina, io allungo la mano per accarezzarlo.

Poi mi alzo e comincio a gettare le mie cose alla rinfusa nel trolley.

Non ho intenzione di aspettare che rientri dal lavoro, gli scriverò una lettera perché so che guardandolo negli occhi non riuscirei a mentirgli.

Prendo dalla sua scrivania un foglio stropicciato e comincio a scrivere:

"Mi dispiace, pensavo di essermi innamorata di te ma poi ho capito che quello che provo è solo attrazione. Non voglio assolutamente prenderti in giro, quindi preferisco tornare a casa.

Per Constable non preoccuparti, passerà una nostra domestica. Per favore, se almeno tu non vuoi impormi qualcosa, non telefonarmi neanche.

Clementine"

Metto questo insieme di menzogne sul tavolo della cucina, poi mi infilo il cappotto e, tirando a fatica il trolley, inizio a scendere le ripide scale del piccolo palazzo in stile vittoriano.

Il vento mi punge le guance, una coltre grigiastra sembra non volersi spostare dalla capitale inglese, sta pure cominciando a piovere e io ho il cuore in frantumi.

Mi dirigo alla stazione della metro di Covent Garden, vedo una coppia di turisti intenti a scattarsi delle foto che probabilmente posteranno sui social. Ridono, lui le sussurra qualcosa all'orecchio, lei lo guarda e lo bacia.

Riesco a salire sul treno, un signore, all'apparenza distinto, mi dà una mano col trolley.

«È qui in vacanza?», mi domanda.

Mi volto.

«No, sto rientrando...»

«Immagino che il suo ragazzo sarà molto contento».

Poi mi sorride.

«Le auguro una buona serata...», esclama scendendo alla stazione di Knightsbridge.

Quando esco dalla metro sta piovendo e io non ho neanche l'ombrello, il cellulare sta squillando, è Liam, ma io non rispondo.

***

Sono a casa, respiro, poi sorridendo suono.

La voce di una delle domestiche chiede:

«Con chi sto parlando?»

«Sono Clementine, sono tornata», mi limito a dire guardando il cancello del parco aprirsi.

Entro in casa, non si sente alcun rumore, vedo Mrs Hurdet uscire dal soggiorno col suo fidato piumino in mano.

«Clementine, sono molto contenta di vederti! Vado subito a chiamare la signora Danton», esclama l'anziana domestica stringendomi in un familiare abbraccio.

Poi si sofferma a guardarmi e, sistemandosi gli occhiali, aggiunge:

«Ti vedo un tantino sciupata tesoro, vado a dire in cucina che ti preparino subito quei pancakes che ti piacciono tanto...»

La guardo entrare in cucina e poi incamminarsi su per le scale.

Mi tolgo il cappotto e vedo mia mamma scendere l'imponente scalinata per abbracciarmi.

«Sono così contenta che tu sia a casa».

«Su, andiamo a sistemare le tue cose, avrai un sacco di cose da raccontarmi».

44. Liam

Sto salendo le scale, nel pomeriggio ho provato a chiamarla ma non mi ha risposto, immagino che sarà stata in giro o magari stava solo facendo una doccia.

Apro la porta e noto subito qualcosa di diverso dal solito: la tv è spenta e in cucina nessuno sta cercando di appiccare un incendio.

«Clemmy?», provo a gridare.

Allungo il passo, entro in camera ma non è neanche lì e neppure in bagno.

Potrebbe essere in ritardo ma qualcosa mi suggerisce che invece non lo sia affatto. Apro il comò sperando di scorgere nei cassetti il suo solito disordine: i suoi stravaganti calzini insieme a quei reggiseni colorati che amo tanto toglierle ma invece non vedo nulla.

Corro in salotto e provo subito a digitare sul cellulare il suo numero, nessuna risposta.

Mi passo le mani sul viso, non posso pensare che se ne sia andata così senza neppure dirmi nulla.

Entro in cucina e il mio sguardo si posa sul tavolo dove noto un pezzo di carta stropicciato.

Lo leggo, è tornata a casa, dai suoi, lontana da qui, lontana da tutto ciò che potevamo essere insieme.

Mi ha pure scritto di non provare neanche a chiamarla.

Constable si avvicina e struscia la coda ai miei pantaloni.

Lo guardo, mi sento come se il cuore avesse di nuovo deciso di premere il tasto "pause", anzi mi sembra di non averlo neanche.

Vorrei poter accedere ai contenuti del suo telefono per provare a capire, magari ne ha parlato con quella sua amica con cui studia a Stirling, ma proprio stamattina il commissario Richsalton mi ha detto di non voler più registrare i tabulati del suo smartphone.

Non so cosa fare, mi infilo il giubbotto e salgo in macchina.

Sta continuando a piovere, le strade sono congestionate dal traffico, sto quasi per buttare sotto un uomo.

Vedo la villa dei Danton con le sue sofisticate rifiniture di pregio.

Provo a suonare.

«Sono il detective Darren, dovrei parlare un attimo con la signorina Danton», dichiaro al citofono.

Il cancello si apre, percorro l'ordinato vialetto e mi soffermo sulla porta.

Una donna, osservandomi da dietro le spesse lenti degli occhiali, mi dice:

«Vado a chiamarle la signorina... entri pure».

Il mio sguardo passa dai pregiati dipinti alle pareti all'imponente scalinata che conduce al piano di sopra.

I pavimenti brillano, immagino che non abbiano mai conosciuto un solo granello di polvere. Nel silenzio ovattato della villa, dalle scale, riconosco quella voce che tanto amo.

Riesco distintamente a capire cosa sta dicendo:

«Sono parecchio impegnata, per piacere di' al detective Darren di andare, non ho niente da riferire...»

Subito provo a gridare:

«Clementine, per favore, devo vederti, non puoi andartene via in questo modo...»

La domestica si appresta a scendere le scale.

«La prego, non gridi in quella maniera, non vorrà disturbare il signor Danton?», mi redarguisce lei.

«Mi scusi ma speravo di poter parlare con Clementine».

La donna mi guarda, mi posa una mano sulla spalla.

«Mi dia retta, se ne torni a casa, le strade potrebbero allagarsi e lei, giovanotto, è zuppo dalla punta dei capelli a quella dei piedi. Ha sentito, la signorina non vuole vederla... adesso mi scusi ma tra poco serviremo la cena e io ho diverse cosa da preparare».

«Mi scusi non volevo dare fastidio. Buonasera, signora».

Mi chiudo la porta alle spalle e ripercorro il vialetto, poi mi volto appena, guardo le finestre al piano di sopra e sono quasi certo che lei mi stesse osservando da dietro le tende.

***

Quando entro nel mio appartamento vado a farmi una doccia, ripenso a tutte le risate fatte con Clemmy, ai suoi modi ingenui ma allo stesso tempo sensuali che mi facevano letteralmente impazzire, alle sue labbra e alle sue braccia che mi stringevano.

Penso che non ci sia una sola cosa che non ami di lei, potrei addirittura amare quei suoi insipidi *Weetabix*.

Quando farò la spesa, quegli agglomerati integrali mi faranno sempre pensare a lei, alla donna che mi ha rapito il cuore e che ha deciso calpestarlo.

Non capisco davvero, avrei scommesso che fosse innamorata e invece tutto si riassume in attrazione e sesso. No, non riesco e non voglio definire ciò che abbiamo fatto solo del sesso, perché io con lei facevo l'amore.

In cucina mi preparo una tazza di caffè tanto è inutile, già so che non chiuderò occhio.

45. Clementine

Quando ho sentito la sua voce che mi chiedeva di scendere, di poterlo vedere, mi si è strappato il cuore.

Avrei voluto scendere giù dalle scale e gettarmi tra le sue braccia, dirgli che lo amavo e baciarlo, ma non potevo.

I giorni passano, non ho ricevuto altri messaggi dal soggetto ignoto invece Liam continua a scrivermi ma io, senza neppure leggerli, li cestino tutti.

Passo le giornate a studiare, vorrei riuscire a concludere in questa sessione i miei studi a Stirling e poi, magari, poter lavorare a pieno ritmo alla Wallace Collection.

Ho parlato di nuovo con Kim, le ho detto che Liam e io ci siamo lasciati, lei ha provato a fare domande ma io non avevo voglia di stare al telefono.

Mi ha detto che verrà a Londra, perché vuole vedermi, di certo stare un po' con lei mi darà una mano a scordarmi del sexy detective della polizia.

Sto per uscire di casa, dovrei passare dal centro con mia mamma per cominciare a vedere qualche abito per il matrimonio di Rob e Anita, quando sento squillare il cellulare.

È un messaggio del soggetto ignoto.

Lo leggo:

"Ti aspetto in Suffolk Lane, lì c'è la vecchia sede di una nota rivista di moda. Porta con te novantamila sterline in contanti e ricordati di non chiamare la polizia... non vorrei dover riservare una pallottola per il tuo amato detective..."

Non so che fare, non ho idea di come poter racimolare tutto quel denaro in poche ore… queste sono cose che si vedono fare nei film thriller non nella quotidianità.

Respiro, mi infilo il cappotto e le *Converse* e scendo di sotto.

«Io esco, ho svariate cose da fare», esclamo sulla porta del salotto.

«Tesoro ma non dovevamo passare da Old Bond Street per vedere gli abiti per il matrimonio di tuo fratello?», mi rammenta mia mamma.

«Scusa ma avevo scordato che ho un meeting alla pinacoteca, sai stiamo preparando una nuova mostra».

Afferro la Birkin ed esco a passo svelto.

Se potessi parlare con Sullivan, il nostro fidato legale, di certo lui mi saprebbe suggerire un modo per poter riscuotere un'ingente somma di denaro ma ovviamente non posso chiedere a nessuno di darmi una mano.

Vedo un taxi.

«Per favore, mi porti alla K. Happer Bank di Piccadilly».

L'auto imbocca Kensington High Street in direzione Hornton street, poi prosegue sulla A4.

Alla radio la voce dei Muse che intona le note di *Neutron Star Collision* mi riporta per un attimo a quel nostro primo bacio dato quasi per gioco ai giochi della fiera di Salisbury.

Rufolo nella mia *Hermès* e mi ritrovo, per di più, tra le mani il menù dell'*Old Mill*.

Un sorriso spunta sulle mie labbra, mi ricordo che quando stavamo rientrando si scatenò un temporale, il sentiero era scosceso e Liam mi prese per mano.

Il taxi svolta a Piccadilly Circus. Sono nervosa, sono anni che non vado alla sede centrale della nostra banca.

Quando scendo, mi soffermo un attimo a guardare questo caotico quanto vivace angolo della città: alcuni turisti sorridenti cercano di scattarsi una foto studiando il loro profilo migliore, dei ragazzi invece ridono divertiti provando a richiamare l'attenzione di un taxi.

Attraverso la strada e apro la pesante porta a battenti della banca.

Mi avvicino a un dipendente intento a lavorare al suo computer.

«Buongiorno, sono Clementine Danton, dovrei parlare col direttore», affermo io.

L'uomo mi guarda.

«Potrebbe mostrarmi un documento?»

Senza esitazione gli porgo il mio passaporto.

Lui, dopo aver dato una rapida occhiata al mio dossier, prende il telefono:

«Direttore, ho qui la signorina Danton che vorrebbe parlare con lei», lo sento dire al suo interlocutore.

Poi mi dice:

«Salga pure al piano di sopra, il direttore è nel suo ufficio».

«Grazie».

Mi incammino per le scale, poi mi soffermo un istante a respirare proprio come si vede sempre fare a quei corsi di yoga on line ed entro.

«Buongiorno, sono Clementine Danton», esordisco sedendomi all'ordinata scrivania.

L'uomo, nel suo completo inamidato, mi guarda per un istante poi sorridendo dice:

«Oh, Miss Danton, era da parecchio che non avevo il piacere di vederla, mi ricordo che quando venne qui con suo padre per aprire il suo conto personale era ancora una ragazzina».

Poi aggiunge:

«Suo padre e la signora Danton come stanno? Tempo fa Mr Sullivan mi disse che il signor Danton aveva avuto qualche problemino di cuore».

«Adesso sta meglio... un po' di riposo, niente stress, qualche passeggiata e il suo cuore sembra di nuovo quello di un ragazzo», dichiaro io sistemandomi il cappotto.

«Le posso domandare perché è qui, signorina Danton?»

Lo guardo e, con nonchalance, esclamo:

«Vorrei poter accedere alla mia cassetta di sicurezza».

Il direttore si alza dall'imponente scrivania.

«Certo, mi dia un momento che l'accompagno subito nel caveau».

Prende dal cassetto una tessera e apre la porta. Io lo seguo, scendiamo al piano di sotto ed entriamo in quello che è il caveau della banca.

«Adesso, miss Danton, deve solo appoggiare il suo dito indice sul led per aprire la sua cassetta di sicurezza. Io la attendo in questa stanza».

Gli sorrido e faccio quanto mi ha detto.

Al tocco del mio polpastrello sul led, il cassetto si apre di scatto.

Al suo interno vedo alcuni gioielli che mi aveva regalato mia nonna, una tela di un noto pittore paesaggista e poi il denaro in contanti.

Dalla Birkin tiro fuori uno zainetto dove inizio a mettere le mazzette di banconote.

Sono nervosa, lo zaino mi cade sul pavimento. In fretta rimetto tutto al suo interno poi chiudo il cassetto ormai "alleggerito" ed esco.

«La ringrazio, signor direttore», asserisco guardando il cortese uomo d'affari.

«Si figuri, Miss Danton, è sempre un piacere vederla. Dica a suo padre che lo aspetto ancora per quella partita a tennis».

Gli sorrido.

«Glielo dirò. Buona giornata e ancora grazie», concludo io incamminandomi.

Si è alzato un leggero vento, sta pure ricominciando a piovere e io, ovviamente, non ho neppure l'ombrello.

Entro nella stazione della metro di Piccadilly, forse sarebbe stato più appropriato chiamare un taxi. Mi guardo attorno e mi auguro che nessuno abbia voglia di derubarmi proprio adesso.

Riesco a salire sul treno, un ragazzo mi chiede se voglio sedermi, lo ringrazio e mi siedo sulle logore poltrone assai scomode.

Mi sembra quasi di essere la stupida protagonista di un thriller che non fa altro che mettersi nei pasticci; il treno rallenta, diversi passeggeri si apprestano a scendere e pure io mi alzo avvicinandomi alle porte.

Scendo alla stazione di Monument – questa parte di Londra non mi è mai piaciuta molto – e mi incammino.

Per strada vedo diversi impiegati uscire dal lavoro impettiti nei loro completi perfetti, faccio per svoltare quando alle mie spalle sento qualcuno attirare la mia attenzione.

Mi volto e un sorriso spunta sulle mie labbra.

46. Liam

Sto uscendo dal lavoro, alcuni colleghi mi hanno chiesto di andare con loro in un pub per una birra ma non ne ho voglia, penso che invece andrò a casa e in compagnia di Constable... lavorerò un po'.

Sta piovendo, mi soffermo un istante a guardare la vetrina di *Fortnum & Mason* quando sento:

«Detective Darren, come va?»

Mi volto e, sorridente, vedo Anita, la fidanzata del fratello di Clementine, stringersi nel cappotto.

«Le solite cose grazie. E voi? Immagino che sarete piuttosto impegnati con il matrimonio e ovviamente col lavoro».

«Un matrimonio porta con sé molte cosa da fare...»

Poi, aggiunge:

«Clemmy ha iniziato a lavorare alla Wallace Collection, sembra che le piaccia molto, ma questo già lo saprai...»

La guardo:

«Mi fa piacere che le piaccia».

Faccio una pausa e mi ritrovo a dire:

«Spero tanto che sia spensierata come quanto eravamo a Rose Hill... adesso scusa, ma devo andare».

Faccio per voltarmi quando dichiara:

«Liam... so che non sono cose dove dovrei mettere il naso, ma da quando Clemmy è rientrata a casa non è la stessa: è schiva, sorride poco e non passa neppure dal nostro appartamento per guardare insieme un vecchio film».

Mi passo la mano sul mento.

«Non sono stato io a lasciarla, ero davvero innamorato di lei e lo sono tutt'ora ma a quanto pare per lei le cose erano diverse...»

Per qualche istante nessuno dei due dice niente poi sono io a riprendere la parola:

«Ti rinnovo ancora le felicitazioni per la vostra nuova avventura... adesso scusami ma devo andare».

«Grazie Liam, mi auguro che le cose tra te e Clemmy si sistemino».

Proseguo a camminare, non ho una direzione precisa, so solo che quella ragazza capricciosa, con quel dolce sorriso e i lunghi capelli mogano sempre spettinati, mi ha rapito il cuore. Camminando sono arrivato nei pressi del Big Ben, ha smesso di piovere, mi siedo su una panchina e resto lì a guardare quell'imponente ed elegante orologio.

Dalla tasca dei pantaloni tiro fuori lo smartphone e mi ritrovo a riguardare il dossier dei Danton, cosa che faccio spesso.

Abbiamo guardato i tabulati telefonici di ogni dipendente e collaboratore della Danton Hotels, di tutti i suoi conoscenti e amici, ma non siamo arrivati a niente.

La mia attenzione viene poi attirata da una vecchia foto che ritrae il signor Danton con un suo dipendente fidato, Roger Ashfold.

Che strano, questo nome non mi è nuovo, so di averlo già letto da qualche parte. Ecco che ricordo: Kim Ashfold, colei che Clementine ha sempre definito una delle sue più care amiche.

Non avevo notato niente di interessante sul loro conto, ma non sapevo che Kim fosse la figlia di uno dei più fidati collaboratori del signor Danton.

Provo ad andare a ritroso nel tempo, a quanto pare il padre dell'amica di Clementine lavora per la rinomata catena alberghiera praticamente da sempre, un lavoratore leale e rigoroso, ma ecco che noto un particolare sulla sua vita privata. A quanto pare il signor Roger lasciò la moglie da cui aveva avuto una figlia, Kim, per risposarsi con la sorella della moglie del signor Danton. Sembrerebbe che lui e la zia di Clementine non abbiano avuto figli loro ma che entrambi fossero molto legati ai nipoti Robert e Clementine.

Qualcosa non mi convince, mi sembra strano che nessuno mi abbia parlato di questo legame.

Apro i profili social di Kim e del padre non vi è ombra.

A questo punto provo ad avere accesso ai movimenti bancari di Kim: proprio alcuni giorni fa ha acquistato sul sito di una compagnia aerea low-cost un biglietto aereo per Londra e ha anche effettuato un bonifico a una ditta americana che vende armi da fuoco.

Chiudo il loro dossier e fermo un taxi.

«Kensington Road», esclamo provando a telefonare a Clementine.

47. Clementine

Mi volto e alle mie spalle vedo il volto sorridente della mia cara amica Kim.

«Ehi, ma cosa ci fai qui? Non immaginavo che fossi già a Londra!», esclamo stringendola in un abbraccio.

«Sono arrivata ieri sera, volevo vederti ma quando ho telefonato questa mattina tua madre mi ha detto che eri già uscita e che saresti stata impegnata tutto il giorno».

Non so che dire, di certo non posso raccontare nulla neppure a lei anzi, devo sbrigarmi a liquidarla in qualche modo.

«Sì, stavo proprio andando a una riunione di lavoro per l'organizzazione di una nuova mostra permanente alla Wallace Collection. Anzi, mi dispiace, ma adesso devo proprio andare... se vuoi possiamo vederci per andare a mangiare *fish and chips* in quel ristorante nello Strand che ti piace tanto», provo a dire.

«Dai, ti accompagno volentieri alla tua riunione tanto io non ho granché da fare».

Cavolo, non so proprio come uscirne, così azzardo:

«Sono praticamente arrivata... ti conviene andare in centro... hanno inaugurato proprio in questi giorni un nuovo store di *Victoria's Secret*».

«Davvero? Lo sai che ho una passione sfrenata per la loro lingerie, allora ci vediamo stasera. Passo io da te ma, mi raccomando, di' alla domestica di aprirmi!», si premura lei ridendo.

«Sì, stai tranquilla».

La osservo incamminarsi, e mi dirigo nel luogo del mio incontro.

***

Il palazzo dev'essere questo: un edificio di vecchia costruzione, logoro, con la facciata scrostata dove diversi vetri sono in frantumi.

Mi avvicino, il portone polveroso è chiuso, mi guardo attorno ma non vedo nessuno.

Provo a spingere la porta e, a fatica, riesco ad aprirla.

Stringo nella mano la mia Birkin ed entro.

Le scale che conducono ai piani alti sono strette, il corrimano è mezzo rotto, sul pavimento vedo alcuni plichi di vecchie riviste.

Non so che fare, sono nervosa, metto un piede su di una trave e sto quasi per cadere, respiro, sento il mio cuore che sta accelerando.

Inizio a salire la ripida scala, mi concentro sui miei respiri proprio come mi insegnavano al corso di yoga; inizio a pensare che non sarei mai dovuta venire in questo posto da sola assecondando la pazzia di uno stalker, avrei dovuto chiamare la polizia.

Ma poi ripenso al messaggio in cui mi intimava di non farne parola altrimenti avrebbe riservato un proiettile per Liam.

La rampa conduce in un grande open-space, dove sono rimasti diversi mobili. Mi avvicino alla finestra e noto che ha ricominciato a piovere.

Mi volto e sulla porta vedo una figura, e no, non ci posso credere che mi abbia seguito.

«Ma cosa ci fai qui? Ti avevo detto che dovevo andare a una riunione di lavoro!», ripeto alla mia amica.

Lei mi guarda e si avvicina.

Tiene gli occhi fissi nei miei senza dire nulla, non so che fare... se il soggetto ignoto dovesse arrivare adesso potrebbe prendersela anche con Kim, così l'afferro per una mano e la sospingo verso le scale.

«Kim, per favore, te ne devi andare da qui, non puoi rimanere», la sprono io.

Lei non fiata.

«Senti, lo so che non starai capendo nulla ma devi darmi retta: scendi giù in strada, non dare nell'occhio mi raccomando, e corri a chiamare la polizia. Penso di aver commesso un grave errore... sono nei guai Kim, poi ti spiegherò tutto ma adesso, ti prego, fai come ti ho detto».

Solleva lo sguardo per incontrare i miei occhi.

«Su, adesso vai e stai attenta».

Lei però resta lì.

«Per favore vattene, non voglio assolutamente che qualcuno si faccia del male per colpa mia».

Kim si volta, fa per andarsene, ma poi si ferma.

«Mi dispiace Clementine ma non me ne andrò da nessuna parte».

Poi si gira e, mantenendo il suo sguardo fisso sul mio viso, aggiunge:

«Mi sono sempre chiesta come ci si senta ad avere una famiglia unita come la tua, dove i genitori si amano e non abbandonano i figli. Ma io questo, cara signorina Danton, non posso saperlo, e sai perché?»

Cosa sta dicendo Kim? Perché mi sta parlando in questo modo?

«Tu e la tua incantevole famiglia vi siete appropriati di qualcosa che non vi doveva appartenere, di qualcosa che doveva restare mio, soltanto mio. Avevate tutto ciò che si poteva desiderare... perché me lo avete rubato?»

«Per favore Kim, calmati!», provo a suggerirle.

«Calmarmi?», ripete lei avvicinandosi.

«Per favore, non capisco davvero a cosa tu ti riferisca... dammi retta, usciamo da questo palazzo e parliamo di tutto questo con tranquillità davanti a un caffè».

Lei con rabbia mi spinge, io inciampo cadendo sul pavimento polveroso.

«Ti piacerebbe poter sistemare tutto davanti a una tazza di caffè, vero? Mi dispiace, cara Clemmy, oggi non sei tu a dettare le regole del gioco».

Respiro, adesso sto iniziando a capire, Kim non era qua di passaggio come pensavo io, ma è lei ad avermi mandato tutti quei messaggi, è lei il nostro soggetto ignoto.

«Per favore dimmi che non sei stata tu a scrivere tutti quei messaggi ed e-mail! Dimmi che non mi hai preso in giro per tutto questo tempo».

Lei si avvicina e con uno sguardo carico di rabbia inizia a dire:

«Mi dispiace Clementine... sono sempre stata io la stalker che il tuo ragazzo si affannava tanto a voler sbattere in prigione».

La testa mi gira, il cuore è impazzito, non posso e non voglio credere che la mia migliore amica sia dietro a questo piano.

«Perché Kim? Se ti servivano dei soldi me li potevi chiedere, te li avrei dati senza alcun problema...», provo a sibilare mentre una lacrima sta rigando la mia guancia.

«Non mi serviva del denaro, io volevo solo farti del male».

«Cosa ti ho fatto? Io ti credevo mia amica, eri come una sorella».

«Non dirlo Clemmy, non raccontare un sacco di cazzate».

Provo ad alzarmi e ad avvicinarmi a lei.

«Davvero Kim, io ti voglio bene, per favore dammi retta e usciamo da qua».

«No, smettila, non voglio stare ad ascoltarti», urla spingendomi ancora.

Indietreggio e vado a sbattere in una vecchia vetrata che va in frantumi.

«Adesso ascoltami Clemmy, forse tu non lo sai ma il tuo caro zio Roger è mio padre. Lui ha preferito voi alla sua famiglia. Non hai mai notato che abbiamo lo stesso nome? Roger e Kim Ashfold!»

Fa una pausa e prosegue:

«Ero una bambina quando lui ha cominciato a lavorare per tuo padre e si è innamorato di tua zia andandosene di casa. Non mi ha mai telefonato, non è mai venuto alle recite a scuola, mai! E tutto questo per colpa vostra.

Quando all'università ho capito che tu eri quella Danton ho subito pensato che avrei potuto vendicarmi finalmente e ho preparato questo piano».

Ascolto colei che per tutto questo tempo ho considerato una delle mie più care amiche, colei a cui ho sempre detto tutto, l'amica di cui mi fidavo e invece...

«Sono stata io a installare lo spyware sul tuo cellulare e a mettere il foglietto in camera tua nel tuo appartamento. È stato tutto molto semplice: quando eravamo a lezione ho tolto da quella tua costosissima Birkin le chiavi di casa e nella pausa pranzo sono corsa a farne una copia... senza che tu te ne accorgessi, le ho rimesse poi in borsa».

Mi guarda negli occhi, nel suo sguardo vedo tanta rabbia, odio.

«Sono entrata spesso nel tuo moderno loft, mi sono messa pure i tuoi vestiti e le tue scarpe griffate, volevo essere te almeno per un po', la ragazza che aveva tutto ciò che io ho sempre desiderato».

Indietreggia, poi apre lo zainetto e tira fuori una pistola.

Non so che fare, so soltanto che vorrei che tutto questo fosse solo un sogno, vorrei svegliarmi e ritrovarmi ancora lì, nel letto di Liam stretta a lui.

«Dammi i soldi», mi ordina.

Provo ad alzarmi ma cadendo sui vetri mi sono tagliata... vedo del sangue sulla mia maglietta.

Le allungo lo zaino contenente le novantamila sterline.

«Ecco, adesso hai quello che volevi... per favore, fammi uscire di qua», provo a supplicarla.

«Mi dispiace Clemmy, ma non andrai da nessuna parte».

Stringe la pistola e la vedo mirare dritto verso la sottoscritta.

48. Liam

Scendo dal taxi e suono alla villa dei Danton, mi auguro tanto che Clementine sia in casa.

Appena il cancello si apre corro al portone dove riconosco la solita domestica.

«Per favore, mi chiami Clementine, devo vederla».

«Mi dispiace ma la signorina è uscita, aveva una riunione di lavoro».

«Cazzo, cazzo!», esclamo sbattendo il pugno sull'elegante comò.

Senza nemmeno salutarla, mi volto e corro verso il cancello sperando che il taxi sia ancora lì.

Sto per uscire quando sul lato opposto della strada vedo Robert e Anita, scendere dalla loro auto.

Mi avvicino a passo spedito.

«Liam, che piacere vederti!», dichiara lui dandomi un'amichevole pacca sulla spalla.

«Robert, tua sorella è nei guai... per favore dammi la tua macchina: devo andare da lei!»

«Certo, ma cosa sta succedendo? Stamattina mi ha mandato un messaggio in cui mi diceva che sarebbe andata al lavoro e... che mi voleva bene».

Il mio sguardo passa da Robert ad Anita.

«Spero di sbagliarmi, ma penso proprio che Clementine sia proprio adesso con il nostro soggetto ignoto».

Robert senza dire nulla mi porge le chiavi della sua auto.

«Liam per favore, fa' che non succeda nulla a mia sorella...», mi prega lui.

«Ragazzi voi entrate in casa e comportatevi come sempre».

Mi volto e salgo nella Lexus di Robert.

Dallo smartphone provo a rintracciare con il GPS il cellulare di Clemmy, attendo qualche istante ed ecco che vedo la sua posizione: Suffolk Lane.

Faccio inversione e, senza rispettare il codice della strada, mi dirigo nella City.

Intanto provo a richiamarla, adesso sta squillando ma non risponde nessuno.

Le strade sono bloccate per il traffico, si procede a passo di lumaca e ha pure ricominciato a piovere.

Spero tanto che non le accada niente, non me lo potrei mai perdonare; non riesco a capire come questo dettaglio ci possa essere sfuggito.

Provo di nuovo a digitare il suo numero ma niente, adesso scatta la segreteria.

Faccio un sorpasso azzardato, svolto e proseguo costeggiando il Tamigi. Fermo poi la macchina sul marciapiede bloccando anche l'uscita di un palazzo e correndo come un matto mi dirigo nella City.

Ecco che svolto in Suffolk Lane, lo smartphone mi indica un vecchio palazzo ormai in rovina che, se non erro, anni addietro è stato il quartier generale di una nota rivista di moda.

Entro, non si sente alcun rumore, la corrente elettrica è staccata... qua e là alcuni plichi di fogli ormai logori.

Mi aggiro per le stanze, ma di Clementine non vi è traccia.

Facendo attenzione a non far scricchiolare le vecchie travi delle scale inizio a salire quando sento qualcuno che sta parlando. Mi fermo e riesco distintamente a riconoscere la sua voce.

Salgo a lunghi passi la scalinata ed ecco che le vedo: Clementine è seduta sul pavimento, sul suo maglione noto delle macchie di sangue, e Kim è a qualche passo di distanza e sta maneggiando una pistola.

Mi avvicino.

«Kim, sono il detective Darren, so che in questo momento sei molto arrabbiata ma ti chiedo di collaborare. Abbassa la pistola e vediamo di sistemare le cose», provo a dire.

Lei si volta di scatto.

«Non fare un solo passo altrimenti sparo».

Poi, con rabbia, ruggisce:

«Avevo detto di non chiamare la polizia e tu invece cosa fai? Hai fatto venire qua il tuo fidanzato! Te l'ho già detto Clementine, qui non sei tu a dettare le regole del gioco».

Alza di nuovo la pistola.

«Ti assicuro che ho fatto tutto quello che mi hai chiesto, non sono stata io a chiamarlo».

Le mie iridi incontrano per un istante quegli occhi dolci che tanto adoro... vorrei poter correre da lei, stringerla e dirle che la amo.

Poi, poso lo sguardo sulla sua amica.

«Kim ascoltami. Clementine non mi ha detto nulla, sono stato io ad arrivare a te: ho capito che tu sei la figlia di Roger. So che sei arrabbiata con lui, ma Clementine non ne ha colpa».

«Stai zitto, tu cosa ne sai? Mio padre ha scelto loro, i Danton, ha preferito loro alla nostra famiglia e io adesso voglio ripagarli allo stesso modo».

Clementine prova da alzarsi.

«Kim, mi dispiace davvero... non sapevo che Roger fosse tuo padre. Però posso dirti che lui parla spesso di te, ci ha sempre detto di avere una figlia a cui vuole molto bene ma che, contro la sua volontà, non ha potuto più vedere...»

«Zitta!», grida.

Mi intrometto di nuovo:

«Ascoltami, facciamo un accordo: tu adesso lasci andare via da qui Clementine e io ti aiuterò per poter avere tutte le attenuanti del caso».

«Non se ne parla, è la tua cara signorina Danton che voglio vedere soffrire».

«Allora se è questo che vuoi ti propongo di farmi restare qui con te al suo posto. Clementine, lo sai, mi ama, e soffrirebbe se mi accadesse qualcosa. Facciamo uno scambio: io al posto suo».

Incontro ancora lo guardo della donna che è riuscita a farmi innamorare.

«Per favore non farlo Liam, non fare questa sciocchezza», mi supplica guardandomi appoggiare la pistola sul pavimento spingendola verso la sua amica.

«Sono disarmato adesso, sei tu a dettare le regole proprio come volevi».

Kim si passa in modo nervoso la mano sul viso, poi si avvicina a Clementine.

«Voglio sapere se lo ami, se non puoi immaginare di esistere senza di lui... dimmelo!», le grida.

«Sì, sei contenta adesso? Lo amo e farei di tutto per poter stare con lui».

Per qualche istante nessuno parla, poi Kim si volta di scatto e punta la pistola verso Clementine premendo il grilletto.

49. Clementine

Guardo l'unico uomo di cui posso davvero dire di essermi innamorata proporre a Kim di far restare lui qui con lei al mio posto.

Kim si avvicina e mi guarda con gli occhi carichi di odio ridotti a due fessure.

«Voglio sapere se lo ami, se non puoi immaginare di esistere senza di lui... dimmelo», mi chiede lei gridando.

«Sì, sei contenta adesso? Lo amo e farei di tutto per poter stare con lui», le rispondo senza abbassare lo sguardo.

Indietreggia poi si volta di scatto e mi punta la pistola addosso.

In una frazione di secondo è come se rivedessi tutti i momenti passati con Liam, poi nella stanza si sente un rumore assordante.

Ha appena premuto il grilletto.

Chiudo gli occhi, vengo sballottata cadendo di nuovo sul pavimento.

50. Liam

Nell'istante in cui vedo Kim posare il dito sul grilletto della pistola rivolta verso Clementine, mi butto su di lei.

Riesco a spostarla... cadiamo entrambi sul pavimento polveroso.

Clementine apre gli occhi, io le stringo la mano.

«Non dovevi farlo detective, non hai ancora capito che è lei che voglio?»

Poi, urlando, aggiunge:

«Allontanati da Clemmy, subito!»

Faccio come mi ha detto, mi sposto alzando le mani in segno di resa.

«Adesso basta, non ho altro tempo da sprecare con voi due», sbraita afferrando lo zaino.

Clementine mi guarda, io sposto lo sguardo da lei al nostro soggetto.

«Siete davvero degli stupidi...», ci sbeffeggia indietreggiando verso la porta che conduce alle scale.

«Non muovetevi, non fate un solo passo altrimenti sparo», ripete.

Non ho altra scelta, adesso è il momento di agire.

Lei si volta, in modo repentino, sulla porta, puntando ancora l'arma verso il sottoscritto; io tiro fuori dalla giaccia l'altra pistola e miro alla sua spalla.

Tutto è ovattato.

Qualcosa mi colpisce.

Cado a terra, guardando Clementine precipitarsi nella mia direzione.

51. Clementine

In un attimo vedo Kim puntare la pistola verso Liam seguito dal rumore di uno, anzi due spari.

Vedo, dai lati opposti della sala, Kim e Liam crollare sul pavimento.

Mi alzo e, barcollando, mi dirigo da lui.

«Muoviti, allontana da lei la pistola», mi esorta tenendosi una mano sul fianco dove vedo affiorare una chiazza di sangue.

Non parlo, faccio quanto mi ha suggerito: mi avvicino, Kim ha una ferita alla spalla, cadendo la pistola deve esserle scivolata di mano.

L'afferro e la porto a Liam che nel frattempo sta cercando di alzarsi.

«Come stai?», mi domanda allungando la mano per sfiorarmi la guancia.

«Dovrei essere io a chiederlo a te!», gli rispondo guardando il pullover sporco di sangue.

«Non dovrebbe essere niente di particolare, penso che il proiettile mi abbia colpito di striscio».

Kim è ancora sul pavimento, non parla, si tocca la spalla dolorante.

Sentiamo il suono delle sirene della polizia avvicinarsi.

«Sei stato tu a chiamare rinforzi?», gli chiedo.

«Quando ho capito cosa stava accadendo con Kim, mentre entravo nel palazzo, ho inviato un messaggio a uno dei miei ragazzi, sapevo che sarebbero arrivati».

«Siamo qui!», grida Liam avvicinandosi alla scala.

Io mi soffermo a osservare colei che, ormai da anni, consideravo mia sorella.

«Mi dispiace che sia andata così...», le dico.
Lei solleva lo sguardo.
«Anche stavolta hai vinto tu, Clementine».
I poliziotti e dei paramedici entrano nell'ampio open-space insieme a un uomo di mezza età, immagino che sia il capo di Liam.
Quest'ultimo si avvicina:
«Detective Darren, sei stato un pazzo a venire qua da solo, non hai seguito alcun protocollo e per questo dovrei sospenderti dal tuo incarico...»
Fa una pausa e, voltandosi a guardarmi, aggiunge:
«A quanto vedo però sei riuscito a garantire la sicurezza di miss Danton quindi chiuderò un occhio».
Poi, posa lo sguardo sulla mano che Liam tiene premuta sul suo fianco:
«Non dovrebbe essere niente di grave ma ti suggerisco di farti medicare».
Gli operatori sanitari cercano di placare la collera di Kim per poterla soccorrere.
Io, osservando la scena, chiedo:
«E adesso cosa pensi che le faranno?»
«Di certo la sottoporranno a una perizia psichiatrica. In ogni modo, per tentato omicidio, rischia una pena che può arrivare fino all'ergastolo».
Un medico si avvicina:
«Lei signorina come sta? Mi faccia vedere la mano».
«No, non si preoccupi, sono solo dei piccoli taglietti che mi sono procurata quando la vetrata si è rotta, piuttosto... dovrebbe visitare il detective».
Il medico, con delle garze, medica la ferita di Liam.
«Deve venire lo stesso in ospedale per mettere dei punti».
«Certo, mi dia un attimo».

Liam mi guarda:

«Non potevo permettere che qualcuno ti facesse del male... non voglio neppure immaginare cosa poteva accadere se non fossi arrivato qua...»

Mi prende il viso tra le mani:

«Io ti amo davvero, Clementine... non potrei amare nessun'altra come amo te...»

Non dico nulla e faccio l'unica cosa che desidero davvero: mi protendo verso di lui e lo bacio.

Non ci importa degli altri poliziotti e neppure del suo capo, restiamo lì in piedi a baciarci, come se questo bacio spiegasse già tutto.

«Ti amo da impazzire».

Uno dei suoi colleghi si avvicina:

«Liam, Clementine, dovreste andare in ospedale...»

Poi, ridendo, ci domanda:

«Cosa ne faccio di questa? Dalle rilevazioni balistiche che stiamo eseguendo sembrerebbe che il proiettile abbia colpito questa borsa e modificato, di conseguenza, la sua traiettoria. Direi che ti ha salvato!»

Liam e io ci mettiamo a ridere guardando la mia Birkin dove fa bella mostra di sé il foro del proiettile.

«A quanto pare sono in debito con quella tua costosissima *Hermès*. Penso proprio che dovrò regalartene una nuova, meglio non correre rischi».

Lo guardo e, intrecciando le mie dita alle sue, seguiamo il paramedico.

52. Liam

Siamo al St Mary's Hospital, un dottore decisamente simpatico e loquace mi ha appena dato dei punti.

«Prenda anche queste compresse, quando si ha una ferita da arma da fuoco suggerisco sempre una copertura antibiotica ad ampio spettro».

Scrive qualcosa nella mia cartella elettronica sul moderno I-Pad e sorridendo aggiunge:

«Detective direi che oggi qualche angelo deve averle voluto bene, sarebbero stati sufficienti appena un paio di centimetri e il proiettile le avrebbe colpito la milza».

Mi dà una lieve pacca sulla spalla.

«È stato un piacere conoscerla, i punti che le ho dato si riassorbiranno da soli ma lei ritorni lo stesso tra qualche giorno per dare un'occhiata alla ferita».

«Grazie dottore», mi limito a dire.

Quando esco dal piccolo ambulatorio vedo Clementine seduta su di una poltroncina mezza logora.

«Direi che possiamo tornare a casa...», le suggerisco avvicinandomi.

Lei mi guarda, si alza e con slancio mi abbraccia.

Avverto una fitta e d'istinto mi tocco il fianco.

«Scusa, non volevo...», si rammarica.

«Senti Liam, penso che ti dovrei delle scuse», inizia a dire quando sulla porta a battenti vediamo suo fratello insieme alla fidanzata.

Appena ci vedono si avvicinano correndo.

«Ci avete fatto prendere un spavento epocale!», afferma Anita mentre Robert stringe in un abbraccio sua sorella.

«Tu, Liam, come stai? Il commissario Richsalton al telefono ci ha detto che un proiettile ti ha ferito».

«Niente di che, normale amministrazione, la Birkin di Clementine mi ha praticamente salvato; se il proiettile non avesse colpito la sua *Hermès* probabilmente adesso non sarei qui a parlare con voi!»

Robert mi porge la mano:

«Non so davvero come poterti ringraziare, non voglio neppure pensare a cosa poteva accadere se tu non fossi arrivato in quel vecchio palazzo. Grazie!»

Stringo la mano al fratello della donna che amo.

«Figurati Robert, non devi ringraziarmi».

«Allora, adesso che tutti sono tranquilli, se non vi dispiace, vorrei poter parlare un attimo con Liam... da sola», precisa Clementine intrecciando le sue dita alle mie.

Anita strattona per la spalla il suo fidanzato.

«Su, adesso andiamo, Clemmy e Liam saranno esausti e vorranno riposarsi un po'. Tu e io invece dobbiamo inviare le partecipazioni!»

Robert passa lo sguardo dal mio viso a quello di sua sorella.

«Sempre meglio di una sessione di *decluttering*!»

Poi, sorridendo, aggiunge:

«Clemmy, ti voglio bene».

Quando Robert e Anita sono usciti, Clementine mi guarda.

«Lo so, sono stata una stupida... non avrei dovuto eseguire quanto mi chiedeva nei suoi messaggi e che la cosa più sensata da fare sarebbe stata dirti tutto ma io, come avrai ormai intuito, non sempre faccio scelte razionali. Avevo paura, non volevo assolutamente farti rischiare la vita per me. Mi dispiace Liam, so di essere stata una stupida, una sciocca, e se tu adesso non volessi più avere a che fare con la sottoscritta, non ti chiederò di perdonarmi e...»

Poso un dito sulle sue labbra.

«So che riuscire a farti stare zitta è cosa ardua ma io, Clementine, ti amo. Riesco ad amare tutto di te perfino il modo in cui al mattino ti stiracchi nel letto, i tuoi dolci baci, l'entusiasmo che noto nei tuoi occhi quando parli della pittura inglese. Ti amo e adesso che sei riuscita a farmi infrangere anche un'altra regola, voglio solo baciarti, andare a casa e fare l'amore con te per tutta la notte».

Annullo lo spazio tra noi e poso la bocca sulla sua.

Non so per quanto siamo rimasti lì a baciarci, quando poi sentiamo dei rumori ci ricordiamo di essere ancora in un luogo pubblico.

«Che ne dici se adesso andassimo a casa? Per oggi penso di aver lavorato a sufficienza», dichiaro cingendole i fianchi con le mani.

Lei mi guarda e, ridendo, mi sussurra:

«Considerato che poco fa ti hanno sparato non so come potrai tenermi impegnata per tutta la notte!»

«Dici che non possa riuscirci? Io non ne sarei così certo», la sfido chiamando un taxi.

Lei mi guarda e si mette ridere.

53. Clementine

Sono sdraiata nel suo letto, lui mi tiene stretta disegnando distrattamente con le dita dei vortici sulla mia schiena nuda.

«Sai, non avrei mai immaginato che mi sarei innamorato di te e invece, sei riuscita a farmi infrangere tutte le regole che mi ero imposto».

Mi protendo verso di lui per baciarlo.

«Davvero? Io invece, se devo essere sincera, ho subito pensato che fossi decisamente sexy e in qualche modo, anche se tu non te ne eri accorto, ho fatto di tutto per sedurti».

Si mette a ridere.

«Diciamo che quella nostra partita a biliardo è stata una delle più interessanti che abbia giocato».

«Sai, era già da un po' che volevo chiedertelo: quali sono queste tue regole che sono riuscita a farti infrangere?»

Si passa la mano sul mento.

«Davvero vuoi che te le dica?», mi chiede accarezzandomi la clavicola per poi scendere giù lungo la spalla.

«Altrimenti non te lo avrei domandato».

Si mette a ridere.

«La regola numero uno è mai, e dico mai, assecondare i capricci di una donna! Con te, invece, non ho praticamente fatto altro da quando ti ho conosciuta. Regola numero due, non baciare una donna in pubblico, anche questa con te è stata infranta ripetutamente

Regola numero tre: mai raccontare dettagli della propria vita privata, a te ho svelato particolari che non conoscono neppure i miei amici più fidati.

Regola numero quattro, mai arrivare a dire ti amo, vorrebbe dire che ormai ci sei dentro fino ai capelli... la numero cinque è mai desiderarla tanto da impazzire».

Mi guarda, si protende per sfiorarmi le labbra e sulla bocca mi sussurra:

«Con te le ho infrante tutte e sai cosa ti dico? È stata la cosa migliore che abbia fatto!»

Mi sposto leggermente e fissando quegli occhi che mi hanno fatto innamorare sussurro:

«Sei così certo di averle davvero violate tutte?», gli chiedo.

«Direi proprio di sì!», mi risponde lui di rimando.

«Mi dispiace mio caro detective, ma devo proprio contraddirti: hai sempre rispettato almeno una regola».

«Dici davvero? Allora, le numero uno, due e tre sono state ampiamente infrante... per la cinque non se parla neanche perché penso che pure tu sappia che ti desidero da impazzire...»

Poi, vedo affiorare sulla sua bocca quel solito sorriso impertinente e, attirandomi sopra di sé, mi dice:

«Ti riferisci alla numero quattro?»

«Esatto, non mi pare proprio di averti mai sentito dire quelle due paroline».

«Ti sbagli, forse eri ancora sotto shock e non lo hai notato, ma all'ospedale ti ho detto che amo tutto di te, dagli *Weetabix*, ai tuoi discutibili calzini! E anche una notte a Rose Hill, mentre dormivi, te l'ho sussurrato».

Poi, praticamente sulle mie labbra, aggiunge:

«Qualora tu non lo avessi capito posso tranquillamente ripetertelo: ti amo signorina Clementine Danton, e se vuoi posso anche andare allo *Speakers' Corner* e urlarlo a tutti i passanti!»

Mi metto a ridere.

«Dai, per adesso mi accontento che tu me lo dica qui, tra le tue braccia».

Gli do un lieve bacio e gli sussurro:

«Ti amo Liam, ti amo da impazzire».

Lui mi guarda e, spostandomi dei capelli sfuggiti dalla coda di cavallo, conferma:

«Ti amo, amore mio».

54. Liam

Da quella rocambolesca giornata nella city è trascorso diverso tempo, Clementine si è ormai trasferita nel mio appartamento portando con sé talmente tante cose che, con l'aiuto di Anita, abbiamo dovuto collocare, qua e là, con infinita pazienza.

Data la sua passione per i calzini ha cominciato a comprarne alcuni anche per il sottoscritto, ovviamente stiamo parlando di modelli affatto sobri che spaziano dagli hot dog a simpatici animaletti.

Dall'inverno siamo passati alla primavera con le sue temperature miti e insieme a essa è arrivato anche il tanto atteso matrimonio di Robert e Anita.

Sono uscito dal lavoro e di corsa sono passato da casa per prendere il trolley: il jet privato dei Danton ci aspetta sulla pista del London City Airport, gli sposi hanno deciso di sposarsi in Italia, in un ridente paesino della Toscana dove Anita era stata spesso da bambina.

Clementine mi sta aspettando alla loro villa a Kensington, immagino già la mole di valigie che dovremo portare!

Fermo la macchina e il cancello si apre.

«Ehi, iniziavo a pensare che avessi deciso di non venire!», mi canzona la mia ragazza tenendo in mano la sua nuova Birkin.

Sì, poi ho deciso di regalargliene una, dopotutto se non fosse stato per quella borsa non so come sarebbero andate le cose, mi ha salvato da un proiettile!

Mi avvicino e le sfioro le labbra con un bacio.

«Anche se non sono un fanatico di questi eventi lo sai che non potrei mai non venire al matrimonio di tuo fratello», preciso io cominciando a sistemare i trolley sulla mia *Land Rover*.

***

Il traffico è scorrevole e senza troppi intoppi riusciamo ad arrivare all'aeroporto e a fare il check-in.

Non ho mai viaggiato su di un jet privato, queste sono cose che si vedono fare nei film o da noti personaggi di Hollywood ma non dal sottoscritto.

Quando l'assistente di volo ci accoglie nel lussuoso aereo portandoci subito dello champagne con degli stuzzichini mi sento notevolmente in imbarazzo.

«Sai non penso proprio che potrò abituarmi a questo lusso, ho sempre viaggiato su voli di linea e in classe turistica per di più!», ammetto facendo tintinnare il mio calice col suo.

Lei si alza dalla comoda poltrona e si siede su di me.

«Ma che stai facendo? Non lo sai che nelle fasi di decollo e di atterraggio devi restare seduta e con le cinture allacciate?»

Si mette a ridere.

«Non dirmi che l'affascinante detective della polizia ha paura di volare!», mi prende in giro.

«Diciamo che non mi sento molto a mio agio sugli aerei».

«Sai, devo proprio ammettere che quando sei nervoso sei ancora più sexy!»

Mi metto a ridere.

Clementine dopo aver mangiato alcuni cupcakes, che aveva acquistato in aeroporto, si è addormentata.

Le sue dita sono intrecciate alle mie e la testa è appoggiata sulla mia spalla.

Potrei restare ore a guardarla dormire... è un incanto con quei lunghi capelli mogano che le scivolano lungo la schiena e i lineamenti delicati.

Quando l'aereo inizia le manovre di atterraggio, Clementine si sveglia.

«Buongiorno», bisbiglio sfiorandole la punta del naso con le labbra.

«Hai dormito per quasi tutto il tragitto!», puntualizzo.

Si stiracchia.

«Sai, dormire abbracciata a te è una cosa che amo molto».

L'areo si ferma sulla pista del piccolo aeroporto toscano e la hostess ci invita a scendere.

Le temperature qui sono notevolmente più miti rispetto a quelle a cui siamo abituati a Londra. Incamminandoci per lo scalo italiano mi tolgo il giubbino.

Ritiriamo i nostri bagagli e passiamo al rent-car dove Anita ci ha prenotato un'auto per raggiungere la location scelta dagli sposi per il loro grande giorno.

«Allora, Robert mi ha detto di digitare sul navigatore Marlia, dovrebbe essere un paesino poco distante da Lucca, non dovremmo impiegare granché per arrivarci», esclama Clementine cominciando ad armeggiare al TomTom del simpatico maggiolone.

Usciti dalla strada a pedaggio passiamo da alcuni paesini tipici della campagna toscana, sembra quasi di essere in un'altra epoca.

«Sai, sono stato in Italia diversi anni fa, ma non ero mai venuto in Toscana», ammetto svoltando in una stradina che si inerpica su una dolce collina.

Clementine, ridendo, mi dice:

«Non abbiamo mai fatto un viaggio insieme, una sorta di fuga romantica, dopo questa gita dovremmo subito organizzarne un'altra!»

«Ti sbagli, tu e io abbiamo già fatto un viaggio insieme... Salisbury ti dice niente?»

«Non era proprio un viaggio, quella era più che altro una sorta di convivenza forzata».

Poi, aggiunge:

«Una convivenza che mi ha fatto incontrare l'unico uomo che potessi davvero amare».

Mi volto, per un attimo mi perdo in quegli occhi castani tanto intensi.

Il navigatore ci invita a svoltare in una stradina in ciottoli che sale leggermente.

Ecco che si inizia a intravedere un cancello e un meraviglioso parco.

Ci avviciniamo ancora e fermo la macchina.

Il cartello dice: Villa Reale di Marlia.

«A quanto pare siamo nel posto giusto!», esclamo.

Si scorge una lussuosa villa e un meraviglioso giardino, tutt'intorno si sente soltanto cantare qualche uccellino.

Clementine si avvicina e, annullando lo spazio tra noi, praticamente sulle mie labbra, mormora:

«Su, andiamo, ci aspetta un matrimonio».

Le sorrido e, prendendola per mano, ci incamminiamo per il parco.

55. Epilogo

Guardo dalla finestra il meraviglioso parco agghindato per il matrimonio di Anita e mio fratello.

Sul letto osservo l'abito in chiffon rosa cipria che avrei già dovuto indossare.

Sento bussare.

«Posso entrare?»

Nel sentire la sua voce uno stupido sorriso affiora sulle mie labbra.

La porta si apre e Liam, nel suo elegante smoking, mi guarda passandosi la mano sul viso.

«Ma cosa ci fai ancora così? Dovresti raggiungere Robert e i tuoi genitori per fare alcune foto, il fotografo ti sta reclamando a gran voce!»

«Stavo cercando di rilassarmi, sai, siamo tutti molto nervosi», ammetto.

Si avvicina, il suo sguardo si posa sulla mia vestaglietta da cui si intravede il pizzo del reggiseno.

«Anche se conosco delle tecniche di rilassamento decisamente affidabili e interessanti, qualcosa mi suggerisce di uscire da questa stanza e aspettarti di sotto».

Mi metto a ridere.

«Dai, indossa quel meraviglioso abito che tua madre mi sembra su di giri».

Mi sfiora le labbra con un lieve bacio e lo guardo chiudersi la porta alle spalle.

La truccatrice ha già fatto il suo lavoro, mi infilo nel mio abito e, calzate le mie scomode *Louboutin*, esco dalla stanza.

Nella villa noto un gran viavai, la wedding planner impartisce ordini a destra e sinistra.

Mi incammino giù per l'imponente scalinata facendo attenzione a non scivolare, Liam appena mi vede si avvicina:

«Sei meravigliosa, penso proprio che potresti rubare la scena alla sposa», dichiara sincero sfiorando le mie labbra con un bacio.

«Grazie, anche tu non sei affatto male», ribatto prendendolo per mano.

Così, ci incamminiamo nel parco... l'arco di rose e gypsophila è stato sistemato nei pressi del laghetto dove le fontane creano degli stupendi giochi d'acqua.

Ai lati della guida avorio vedo le poltroncine dove si sono già accomodati alcuni invitati.

I miei genitori insieme a Sullivan, il nostro fidato legale, stanno parlando con lo sposo.

Ci avviciniamo e Robert, sorridente nel suo elegante abito di *Hugo Boss*, viene ad abbracciarmi.

«Sei meravigliosa!»

Nella sua voce riesco a scorgere molta emozione, cosa a cui non sono affatto abituata.

«Grazie, devo ammettere che sei uno sposo decisamente affascinante».

Robert abbraccia Liam.

«Ho fatto un giretto nel parco e ho notato che tutta la strada è praticamente bloccata dalle auto dei paparazzi, addirittura sembrerebbe che qualcuno abbia provato ad arrampicarsi su di un albero per rubare uno scatto degli sposi».

Robert si mette a ridere.

«Sai molte riviste ci hanno offerto somme interessanti per avere l'esclusiva sul nostro matrimonio ma Anita e io abbiamo preferito concedere alcuni scatti privati a un solo giornale che devolverà l'intero ricavato a un canile del Wiltshire che offre rifugio anche a svariati animali selvatici».

«Avete fatto bene».
Sullivan ci interrompe.
«Ragazzi, scusate ma direi che Robert dovrebbe fare la sua entrata con la signora Danton».
«Alvin se non ci fossi tu penso che la nostra famiglia impazzirebbe!», replica mio fratello dando un'amichevole pacca sulla spalla a uno dei suoi più cari amici nonché testimone.
Mi avvicino a Liam e lo bacio.
«Ti consiglio di sederti con i miei, io adesso devo cominciare a vestire i panni della sorella dello sposo dispensando sorrisi...»
«Tranquilla, i miei occhi non si staccheranno un attimo da te».
Osservo mio fratello fare la sua entrata con nostra mamma visibilmente emozionata, poi il quartetto di archi accompagnati dal piano inizia a intonare una melodia.
Non è la solita sinfonia che si sente ai matrimoni ma una nota canzone: *Coming Home*.
Incrocio per un attimo lo sguardo di Liam, poi tutti gli invitati si voltano a guardare la sposa che sta iniziando a percorrere la guida avorio che la condurrà da Robert.
Anita indossa un abito molto romantico, sembra una principessa moderna: il corpetto e la gonna, non molto ampia, sono in pizzo inglese e chiffon, i capelli sono sciolti in morbide onde che le scivolano lungo la schiena scoperta dall'ampia scollatura e in mano tiene stretto un bouquet di rose e mughetti.
Avanza emozionata tenendo ben salda la mano di suo padre senza mai staccare gli occhi da quelli di mio fratello.

Sia i miei genitori che la madre di Anita sono molto emozionati ma ciò che attira la mia attenzione è lo sguardo innamorato di mio fratello.

Stringe la mano al padre di Anita e poi dà un bacio sulla guancia alla sua futura sposa.

Lo sento sussurrarle un "ti amo" poi, quando l'officiante inizia a parlare, tutti ci sediamo ad ascoltare.

Onestamente, solo qualche tempo fa, non avrei mai immaginato che mio fratello, da essere un latin lover incallito dedito solo al divertimento, sarebbe diventato un uomo affidabile adatto a dirigere la Danton Hotels e che, soprattutto, avrebbe trovato l'amore con la A maiuscola.

Anita, la sua personal organizer, puntigliosa e maniaca della raccolta differenziata, gli ha letteralmente rapito il cuore.

Mi guardo attorno, tutte le persone a cui voglio bene sono qui, e non solo, seduto con i miei nonni vedo lui, il mio sexy detective, l'uomo che mi ha fatto innamorare.

Quando gli sposi si scambiano le promesse anche sulla guancia del fidato Sullivan, sempre "tutto d'un pezzo", noto una lacrima.

«E adesso vi dichiaro marito e moglie, puoi baciare la...»

Robert, senza aspettare che l'officiante abbia terminato la consueta frase, stringe Anita baciandola con passione.

Tutti iniziamo ad applaudire.

***

Guardo gli sposi ballare sulle note di quella che è la loro canzone.

Liam, estasiato, si avvicina:

«È stato un matrimonio meraviglioso e tu una testimone superlativa».

Mi stringe tra le sue braccia.

«Devo ammettere che anche tu non sei passato inosservato, tutti gli inviati erano molto interessati al misterioso detective».

Prendo dal buffet di dolci un mignon al bicchiere e alcuni macaron, quando Liam mi chiede:

«Ti va di ballare?»

Con la bocca piena mi limito ad annuire indicando tuttavia i miei piedi nei quali svettano ancora le eleganti *Louboutin*.

Mi guarda e, sorridendo, mi prende per mano.

Ci destreggiamo tra i tanti invitati e riusciamo a entrare nell'antica residenza.

«Se non sbaglio dovrei aver messo su quel divanetto la shopper che mi ha dato Anita. Mi ha detto che, conoscendoti, immaginava che non saresti riuscita a tenere i tacchi per tutta la festa», afferma tirando fuori dalla scatola un paio di *Converse* della medesima sfumatura del mio abito.

«Accidenti, mia cognata è davvero organizzata», ammetto sostituendo le decolleté con le comode sneakers.

«Considerata la sua professione, mi sembra scontato», conferma, ridendo, Liam.

Soddisfatta, allungo una mano per accarezzargli i capelli.

«Ecco, adesso possiamo ballare quanto vuoi».

Poi, preciso:

«Anche se coi tacchi ero decisamente più alta e sensuale!»
Passiamo per il vialetto illuminato da romantiche candele e ci soffermiamo nei pressi della grande fontana, in sottofondo si sentono ancora le note di Skyler Gray che canta *Coming Home*.

Liam mi attira a sé annullando lo spazio tra noi e, posando le mani sopra ai miei fianchi, iniziamo a muoverci seguendo quella dolce melodia.

Respiro l'ormai familiare aroma del suo after-shave, sollevo lo sguardo per incontrare i suoi occhi verdi.

«Sai, quando Robert mi è venuto a prendere a Stirling non avrei di certo immaginato che mi sarei innamorata dello scontroso detective che aveva il compito di garantire la mia sicurezza», gli sussurro all'orecchio.

Faccio una pausa e aggiungo:

«Penso che non riuscirò mai a odiare Kim, se non fosse stato per quei suoi messaggi tu e io non ci saremmo mai incontrati...»

Mi sfiora la guancia.

«Io, invece, ritengo che in qualche modo ci saremmo incontrati lo stesso; magari ci saremmo scontrati in un bar e tu mi avresti rovesciato uno dei tuoi cappuccini sul giaccone o in alternativa ti avrei notato al supermercato dove eri intenta a comprare i tuoi *Weetabix*».

«Accidenti detective, non sapevo che fossi così romantico... quelle sono classiche scene da film!»

Sorride.

«Ti assicuro che non sono mai stato romantico... almeno fino a quanto non ho incontrato una certa signorina Danton».

Mi metto a ridere.

In lontananza vedo mio fratello che, abbracciando sua moglie, le dà una palpata al sedere.

Guardo Liam.

«Sbaglio o Robert ha appena toccato il fondoschiena ad Anita?»

«Non sbagli affatto e, posso aggiungere... con parecchio trasporto!»

Scuoto la testa.

«Adesso sì che lo riconosco! Non sono ancora abituata a vederlo sempre rigoroso e affidabile».

Poi guardo Liam e gli dico:
«Ti amo...»
Lui mi sfiora appena le labbra con un bacio.
«Ti amo, signorina Danton».
Proseguiamo a ballare, si è alzato un lieve venticello che ci scompiglia i capelli, mi stringo a lui e so di essere esattamente nel posto giusto al momento giusto.

FINE

Ringraziamenti

Per prima, non posso che ringraziare lei, la mia "rumorosa famiglia", lo sapete siete tutto per me. I miei genitori per avermi sempre supportata e avermi insegnato a credere nei propri sogni perché, come diceva Walt Disney: "If you can dream it, you can do it".

Le mie bimbe che, divertite, ascoltano sempre i miei deliri di scrittrice e, ogni giorno, sono loro a insegnarmi qualcosa.

Cece e Auri, siete il regalo più grande che potessi ricevere.

Ringrazio mia nonna per i suoi saggi consigli e per il suo amore smisurato... sei una nonna, e adesso bisnonna, pazzesca.

Non posso scordarmi di lei, Susy, la sorella che non ho mai avuto e che mi sopporta da sempre... grazie.

Ovviamente ringrazio le tante blogger che, col loro lavoro, danno una mano a noi autrici, soprattutto noi emergenti, a farci conoscere. I vostri consigli sono davvero preziosi.

Qualcuno penserà che sui social non possano nascere rapporti autentici e amicizie, a queste persone devo dire che si sbagliano. Ho conosciuto autrici e blogger che sono diventate amiche che fanno parte della mia quotidianità. Ilaria Mann, lo sai, ormai sei di famiglia e tu, Rosa (La Rosa dei Libri), sei una cara amica, la mia unica beta reader, la prima a conoscere i miei personaggi e le mie storie.

Ti ricordi più dettagli tu della sottoscritta!

Ringrazio le autrici del Pink Wave che ogni giorno mi tengono compagnia strappandomi sempre qualche risata tra ortaggi, libri, Sampdoria e panico da pubblicazione.

No, non mi sono scordata di lui, se lo legherebbe al dito, quindi non mi resta che ringraziare la persona che, per accontentarmi, si è guardato ore e ore di maratona di *Grey's Anatomy*, che mi ha insegnato a guidare nel parcheggio dell'Ipercoop, che ha visto ogni mio saggio di danza anche quando giocava la nazionale, che è praticamente svenuto in sala parto mentre io lo ricoprivo di insulti e che ha sempre creduto in me e nelle mie storie ancor prima che cominciassi a farlo io: mio marito.

Quindi non posso che scrivere grazie Ale, grazie davvero.

E ovviamente il "grazie" più grande va a voi lettori che avete scelto di trascorrere un po' del vostro tempo in compagnia dei miei personaggi, spero di avervi fatto in qualche modo sorridere e, perché no, emozionare.

Alla prossima storia

Con affetto

Liz

Liz Mac Tea

Nel dicembre 2018 pubblica "Scrivimi ti amo" e nel marzo 2019 "Un disastro per amore", entrambi editi da PubMe, Collana Floreale. Nell'estate del 2019 pubblica con Le Mezzelane CE "Non posso innamorarmi ancora" e nel luglio 2020 "Così vicino a te" con Butterfly Edizioni. Da segnalare anche i romanzi: "Il mio errore sei tu" e "Posso Amarti?". Nel 2021 pubblica con Blueberry Edizioni: "Tutta colpa del tacco 12", "Un errore tira l'altro", "Amore extra contratto". Nel 2022, Cercasi lieto fine.

Printed by Amazon Italia Logistica S.r.l.
Torrazza Piemonte (TO), Italy

39939107R00130